わが子に伝えたい
お母さんのための
性教育入門

おうちで話すいのち・生理・射精・セックス

直井亜紀 著
ゆむい マンガ

実務教育出版

わが子に伝えたい
お母さんのための
性教育入門

はじめに

はじめまして。

わたしは、小・中学校や高校で「性」や「いのち」についての授業をしています。

また、保護者のみなさんや、妊娠中のご夫婦、企業で働くみなさんに向けたセミナーでお話をすることもあります。

いまのように、わたしが「性といのちのお話」をしたいと思うようになった理由は、ふたつあります。

ひとつめの理由は、娘が中学1年生のときに、「セックスがこわい」「子どもを産むのがこわい」と言ってきたことです。

どうやら中学校の先輩たちから、「セックスはこうするんだぜ」とか、「子どもを産むときは痛くて気絶するって知ってるか?」「出産で血がたくさん出て、死にかけるらしい」という話を聞かされたようでした。

「大人になるのがこわい」「子どもを産むのがこわい」と泣きだすようすを見ながら、「あぁ、こうやって上級生やお友だちから性的な情報（それも多くは偏《かたよ》った情報）を得ていくのか！」と気づいたのです。

そして、わが子に対してだけではなく、まわりの子どもたちにも偏りのない「いのちと性」の話を伝えたい、そう強く思うようになりました。

ふたつめの理由は、「大切な人のいのちが突然消える」という衝撃を何度か経験したからです。大切な人の自死や交通事故死で「いのちは突然消えることがある」「一度消えたら取り返しがつかない」というかなしい現実に直面したことから、「いのちについてもっと真剣に考えたい、それを伝えたい」と思うようになりました。

そうして始まった「いのちの授業」は、埼玉県八潮市独自のカリキュラムとして市内の全中学3年生に行うようになり、2020年で10年目を迎えます。その他にも、関東エリアでは、埼玉県の三郷《みさと》市・越谷《こしがや》市・松伏町《まつぶしまち》・さいたま市・春日部《かすかべ》市・吉川市・鴻巣《こうのす》市・熊谷《くまがや》市、千葉県柏《かしわ》市・松戸市、東京都の足立区・江戸川区・荒川区・練馬区・豊島区などの小・中学校、高校でお話ししています。

また岐阜県可児《かに》市・美濃加茂《みのかも》市など遠方の学校からも継続してお声がけいただいています。

小学校の授業では、保護者のみなさんを対象にした「家庭で伝えるいのちと性」とのセットでお伝えすることがよくあります。この10年間で、4万5千人以上のお子さんたち、2万人以上の大人の方々へお話ししてきました（2020年3月現在）。

そして、2017年には「母子保健奨励賞」を、2019年には「内閣府特命担当大臣表彰（子供と家族・若者応援団表彰）」を賜りました。

きっかけは「娘にどう伝えればいいいか」でしたが、いまでは自分の人生をかけて取り組んでいると言っても過言ではありません。

この本では、幼稚園・保育園・小学校・中学校の保護者のみなさんへお伝えしている「家庭で伝えるいのちと性」に焦点を絞ってまとめました。「学校の授業と家庭で伝える性教育の区別」や、「どのような伝え方をすれば無防備な性行動からわが子を守れるのか」に加え、「家庭でしか伝えられない性教育」、そして、「家族だからこそ伝えられる性教育」についても紹介します。

新型コロナウイルス感染症の影響で多くの学校が休みとなり、性や妊娠の相談が急増しているそうです。わが子が人知れず悩んでいるのは、親としてつらいですよね。

この本には、「早くわが子に伝えたい！」と思ってもらえる内容を、ギュッとつめこんでいます。ご家庭で「性」や「いのち」を語るヒントとしてお役立ていただけたらうれしいです。

直井亜紀

某日
ピロン♪
ゆむいさん
助産師さんが出版する本に
漫画を描いてもらえませんか？
ん？
実務教育出版さんからお声がけいただいたのですが
助産師…？って、
出産のときに駆けつけてくれる
ほぎゃっ ほぎゃっ
出産のときにお世話になる人だよね??
赤ちゃんを取り上げるスペシャリスト
白衣着てる
出産に関する本かなー？
なんて漠然としたイメージで打ち合わせに行くと…
はじめまして！助産師の直井亜紀です！
白衣着てないっ
パァァアアアア

簡単に自己紹介しますね！
わたしの主な活動は
●母乳育児相談
●ベビケアクラス
●講演活動
…を主にしています
とくに講演活動では小・中学校や高校で「いのちの授業」をしています
えっ助産師さんが講演活動!?
いきなり打ち砕かれる助産師のイメージ
いのちの授業…ってなんだろう
いのち
壮大な感じがする…
今回作りたいのは**家庭で教える性といのちの本**なんです
ふぁ〜〜〜予想外!!!
↑編集Hさん
待って。子どもの前でこの打ち合わせして大丈夫か!?
※この日は長男みつ（8歳）を同席させていました

ゆむいさん
もし みつくんに
「赤ちゃんってどうやってできるの？」
と聞かれたらどう答えますか？
……
ぎゃーーーッ
ド直球～～～!!!
いやむしろそれ一番聞いてほしくないと願っていた質問なのに！
死っ
真横にいるときになんて大胆なことを…！
歴代一ハードな打ち合わせだ
あ どうしましょう お子さん別室に控えててもらいますか？
そんなエグい内容にはならない予定ですけどね
え……なら大丈夫…です…たぶん…
コソコソするのも逆にアレなんで…
さて……なんて答えます？

ど、どうしましょう…
次男（6歳）だったら「わかんないな～」とか言ってはぐらかしますね…
でも長男だったら…
『家庭の医学』を持ち出して説明します！
ブハッ
家庭の医学
医学事典ですか！
はい！わたしが子どものころ…
赤ちゃんってどうやってできるの？
ドン
これをいっしょに見ようか
母
私
こうやって男と女がね…
すると女の人が妊娠して…
産道が10センチ開いて…
え!?
図説
…という感じで性教育が始まったので同じようにします
なるほど…お母さんがやったようにってことですね

事典なら
客観的で
正しい情報が
載っているので
性教育として
間違いないかと…
ゆむいさんの言う
「性教育」とはつまり…
性行為について教える
ということですか？
え？ はい
実は講演会のとき
保護者のみなさんに
「性教育と聞くと
どんなイメージですか？」
と聞くと、
100人いれば
100通りの答えが
返ってくるんです
え？ 性教育に
100通りも
ある？
たとえば
性教育といえば
生理のこと
妊娠
出産
避妊法
性感染症
LGBT
といったように
様々な視点が
挙げられるんですね
ほぁーー!!
確かに！

わたしの頭のなかは性教育＝性行為で凝り固まってましたけど
性教育って色々な側面がありますね!!
そうなんです
ですからたとえみんなが『家庭の医学』を持ち出したとしても
開くページはそれぞれ違うんですよ
はっ
学校からも
性教育はご家庭で教えておいてくださーい
ポーーイ
なんて丸投げされて
性教育
えっ
え!?
しかも何をどう伝えればいいのか明確な基準もない

ゆむいさんが
そうだったように
自分のときは…
親から言われたことを
そのまま同じように
伝えるしか
方法を知らないんですね
でもそれは
家庭という
クローズされた
世界のこと
みんな こうでしょ
常識
何ソレ!?
自分が当たり前だと
思っていることが
実は世間とは
全然違っていたりする
そのことにも気づかずに
代々引き継がれて
しまうんです
講演活動をしていると
感じるんですけど
はずかしくて ムリ〜!!
男の子は わからない
これでいいの?
うちは隠さず 全〜部言う!!
知って ほしくない
みなさん本当に手探りで
困ってらっしゃるんですよ

ですから
この本では
そんな保護者の
みなさんに向けて
家庭で
どうやって性教育を
そして
いのちの教育を
していけばいいのか
わかりやすく
伝えていきたいと
思います
これは…
個人的にも
超気になるテーマ!!
初っぱなから
度肝を抜かれた
「性教育」
についての先入観
SEX
SEX
うちの子にも
いつか聞かれるであろう
その日に備えて
詳しく
お話を伺って
いこうと思います!

第3章 大人もびっくり！ いまどきのすごい性事情

第4章 「家庭で伝えるいのちと性」実践編

子どもが聞きたいことと親が伝えたいこと

第5章

「家庭で伝えるいのちと性」実践編

心にフィルターをかけるということ

第6章 「家庭での性教育」あるあるQ＆A

装丁／西垂水敦・市川さつき（krran）
カバーイラスト／ゆむい
本文デザイン・DTP／草水美鶴

第1章

「赤ちゃんはどこから来たの？」と聞かれたら

子どもは「赤ちゃんはどこから来たの？」に興味津々

みなさんは、子どものころに「赤ちゃんはどこから来たのだろう？」「赤ちゃんはどうやってできるの？」「わたしはどうやって生まれたのだろう？」……そんな疑問をもったことはありませんでしたか？

わたしは、ふしぎでした。

忘れられないのは、わたしが６歳のときのことです。当時、母は妊娠中で、おなかのなかには妹がいました。

母のおなかがどんどん大きくなっていくようすを見ながら、「赤ちゃんはどこからやって来たのだろう？」「もしかしたらわたしのおなかのなかにも小さな赤ちゃんがいるかもしれない」と、ぺったんこのおなかを触りながらドキドキしていたことを覚えています。

子どもたちの多くは、「赤ちゃんはどこから来たの？」とふしぎに感じ、疑問をもちます。

そして、大人に問いかけます。

さて、子どもから聞かれたときに、どう答えてあげたらいいのでしょうか。

「コウノトリが連れてきた」「橋の下から拾ってきた」

そう答えているお父さんやお母さんもいるでしょうね。

また、「公園で段ボール箱のなかに赤ちゃんがいたから連れて帰ってきた」とか、「赤ちゃんが木の幹に寝かされていたから拾ってきた」とか。

最近だと「ネットでポチったら赤ちゃんが届いた」と答えたお母さんにも会ったことがあります（笑）。

でも、もしこれらが事実なら、超大事件！

わたしたちは「橋の下から拾ってきた」ことも「段ボール箱のなかにいた」ことも、

だれもが100％フィクションだと知っています。

ではなぜ、このように「親から言われた人」や「子どもに話している親」が多いのでしょうか。

実は、子どもが「赤ちゃんはどこから来たの？」と疑問をもつタイミングは、家庭で性教育を始める絶好のチャンスなのです。

このときに大事なことは、ごまかさずに、子どもの年齢に合わせた表現で伝えることです。

親がもしも戸惑い、もしも困っていたなら、子どもは「いけないことを聞いてしまった」「これは聞いてはいけないのかな」と思ってしまう可能性があります。

また、「親に聞いてもはぐらかされてしまう」と子どもが思ってしまえば、大きくなって性の悩みに直面したときに「親に相談しよう」とは思わなくなるかもしれません。

もし、そうなってしまったら残念ですよね。

せっかくおとずれた性教育のチャンスが、居心地の悪い雰囲気となってしまうのはもったいない。

そんな、「家庭で伝えるいのちと性のお話」は、話す側の親も、聞く側の子どもも、楽しくしあわせな気持ちになる伝え方をしたい。

みなさん、ワクワクするおうちでの性教育について、いっしょに考えてみませんか？

子どもは「妊娠＝性行為」を知らない

子どもは物心がつく年齢（3〜6歳ごろ）になると、どんなことにも興味をもちはじめます。

キラキラ輝く目で、「なんで？」「どうして？」と質問攻めにしてきますよね。

「空はなんで青いの?」

「雲の上には行けるの?」

「お花にはどうしていろんな色があるの?」

「ママはどうして幼稚園に行かないの?」

「なんでおじいちゃんは入れ歯なの?」

「なんで女の子にはおちんちんがないの?」


すぐに大人が答えられる質問もあれば、首をひねるような難問もあることでしょう。

そのなかには、「赤ちゃんはどこから来たの?」「ぼく(わたし)はどこから来たの?」「赤ちゃんはどうやったらできるの?」という質問もあります。

こう聞かれた親は、まるで「パパとママはベッドのなかで何をしていたの?」と尋ねられたような気がして、あせり、戸惑い、「何と答えたらいいのかわからない」と困ってしまうのではないでしょうか。

しかし、まだ8歳以下くらいの子どもであれば、「妊娠＝性行為をともなうこと」を知りません。ただただ素朴に「どこから来たんだろう」と疑問をもって尋ねているだけです。

もしも、親がはずかしく感じて答えるのを拒否したとしても、子どもはそんな大人の事情は知りません。ただただ素朴に疑問をもって尋ねているだけなのですから。

「どうして空は青いの？」と聞かれたら？

ここで、少し頭を切りかえてみましょうか。

みなさんは、もしも子どもが「どうして空は青いの？」と尋ねてきたら、どう答えますか？

「お空には大気圏があってね。太陽の光が反射すると……」と答えるでしょうか。

そのようなしくみを理解するには、科学的な基礎知識がある程度必要であって、幼い子どもには見当もつかない話であることを大人たちは知っています。

そのため、むずかしい答え方はしないで、「そうだね、空が青くてふしぎだね。なんで青いのかな」と答えるのではないでしょうか。

もしも、「お花にはどうしていろんな色があるの？」と尋ねられたら、どう答えますか？

同じように、「花には色素があって……」と、子ども相手にバイオの話はしないはずです。きっと「ふしぎだね。ピンクもあるし、赤色もあるね、黄色のお花もあるよ」と答えますよね。

いのちの誕生についても同じように考えてみると、わかりやすいはずです。

仮に5歳以下の子どもだとして考えてみます。

この年齢では、表面的な男女の体の違いを知ったばかりです。「男の子にはおちんちんがあるけれど、女の子にはない」、その程度の知識量です。

そのような理解度の時期に、目に見えない大きさの精子や卵子の存在や、受精についてを説明してもイメージができません。

子どもの理解度に合わせるとしたら、まずは「ふしぎだね、赤ちゃんはどこから来たんだろうね」という答え方でいいのではないでしょうか。

妊娠や出産が身近だった時代

ここからは、「赤ちゃんはどこから来たの？」という疑問をもったときに、60年以上前の子どもたちはどのように教わったのかを考えてみましょう。

現代では、ほとんどのお母さんが医療施設（病院やクリニック）で出産しますよね。

しかし60年以上前は自宅出産が主流でした。

そして当時は、兄弟や家族の人数が多く、地域の人間関係が密にありました。その生活のなかで、子どもたちは妊娠・出産・育児を体感していたのです。

たとえば、近所に花嫁さんがやってきたとしましょう。

しばらくすると、花嫁さんのおなかが大きくなるのを見かけます。まわりの大人たちから、「おいしい野菜があるからもっていってあげて」とか「重いものをもっていたら助けるようにね」と声をかけられながら、妊婦さんをいたわることを学びます。

そして、「そろそろ産気づくかな」「いよいよ産気づいたらしい」というお産の始まりや、「産婆さん、早く来て！」と興奮して呼びに行く大人の声、いつも冷静な大人たちがパニックになっているようすを身近に見ていました。

いまのように建物の防音構造もしっかりしていなかったころは、出産のときの「声」も外に漏れていたかもしれません。

そして、赤ちゃんが誕生して聞こえてくる産声、歓喜する大人たちの声、ワクワクする雰囲気……。そんなようすを、子どもたちも興奮しながらいっしょに体感していたはずです。さらに、母乳を飲ませている母親の姿、布おむつが干されている縁側……。

それらのようすを見ていた子どもたちは、「いのちは、このように守られて育まれるのだ」と、当たり前のように肌で感じていたことでしょう。

つまり、「出産＝自宅出産」で兄弟の人数も多かったころは、わざわざ「赤ちゃんはどうやって生まれるの？」と尋ねる必要もなかったのです。

ごく当たり前に、生活のなかで見たり聞いたりしていたのですから。

しかし、病院出産が主流で、まわりの人たちとのおつきあいも希薄化している現代では、そもそも妊婦さんとの接点がありません。

必要なものはスーパーなどで購入するので、「妊婦さんへのおすそ分け」をお手伝いすることもありません。

そして、出産が近づくと病院やクリニックへ行って出産します。もちろん、出産前の家族の緊張感を見ることはないし、赤ちゃんの産声や家族の歓声を聞く機会もありません。

退院して自宅に戻ってきてからも、赤ちゃんに母乳を飲ませているようすを見かけることはないでしょう。実際に赤ちゃんを目にするのは、ようやく生後数か月たってから……という子どもが大多数です。

つまり、この半世紀において、子どもたちが「妊娠・出産・赤ちゃん」と触れる機会が激減した社会背景があるのですね。

「橋の下から拾ってきた」と言われるようになったワケ

そして、自宅出産から病院出産が主流になって、まだたったの60年程度しかたっていないということは、この本を読んでいる小・中学生の保護者のご両親または祖父母世代は自宅出産世代ということになります。

妊娠・出産を身近に感じる子ども時代をすごした世代の人たちは、「自分が親に尋ねていないことを、突然わが子に尋ねられること」に直面しました。さぞ戸惑ったことでしょう。

そして、とっさに「橋の下」を思いついたのではないでしょうか。当時は、戦災孤児やホームレスなど、橋の下に人がいてもふしぎではない社会でしたから。

妊娠・出産を身近に体感し、「赤ちゃんはどうやって生まれるのか」を親から教わっていない世代の人たちが「橋の下」と伝えたならば、わたしたちは別の表現で伝えていきたい。

そんな、新しい「いのちの伝え方」を、いっしょに考えてみませんか？

「点」ではなくて「線」で伝える「愛のストーリー」

「赤ちゃんはどこから来たの？」と尋ねられたときに、「お父さんとお母さんは、妊娠する前にセックスをした」とか、「お母さんの体のどこから生まれてきたか」とか、「帝王切開だった」のように、具体的な事実を伝えようとしていませんか？

このときに、ぶつ切りの「点」ではなく長いスパンの「線」で伝える工夫をすることで、格段に話しやすくなるんです。

具体的に説明しますね。

いのちが誕生するには長い時間がかかります。ある日突然おなかが大きくなって出産するわけではありません。そして、出産の前には妊娠があります。妊娠の前には、愛し合った日々がありました。その前には惹《ひ》かれあった日々があり、そしてその前にはふたりの出会いが……。

「え？　出産と関係ないのでは？」と思われるかもしれませんが、そんなことはないんです。

子どもにとって、お父さんとお母さんが出会い、恋をして、デートして、プロポーズして結婚式をあげたという「愛のストーリー」は、とてもワクワクするお話です。このお話の先に、一本の「線」で妊娠や出産を伝えていけばいいのです。

以前に、小学生の子どもがいるブラジル人の女性が、わたしの講演を聞いたあとにこんな話をしてくれました。

「わたしが生まれてくるときの話をママから聞いたわ。ママはうれしくて毎日おなかを撫《な》でて、踊りたいほどうれしかったんですって。パパとママが毎日おなかのなかのわたしに話しかけてくれていたらしいわ。生まれる前から毎日ハグされていたみたい。病院でどんなふうに生まれたのかはよくわからないけれど、パパとママが大よろこびしたお産だったってことは何度も聞いたから知ってるわ」

彼女は、両親の恋愛・妊娠・出産……を長い線のストーリーで聞いていました。

「どんな出産だったのか」は知らなくても、「自分の誕生が、家族のしあわせのなかで受け入れられたこと」は、しっかりと彼女に伝わっていました。ここが大事なポイントなのです。

日本人は、「赤ちゃんはどうやって生まれたのか」についてちゃんと話さなくてはいけないと、まじめに考える傾向があるようですね。でも、そうではないんです。

「パパがママのことを大好きって言ってくれて、デートしていたんだよ」
「結婚式のときには○○ちゃんは生まれていなかったね。そのときはどこにいたのかな、ふしぎだね」
「赤ちゃんが生まれますようにって神様にお願いしたら、おなかに来てくれたんだよ」
「かわいい赤ちゃんだといいな、って楽しみにしていたら、本当にかわいい子でうれしかったな」

このストーリーの延長線上にあるのが、妊娠のしくみや出産の流れ、具体的な性行為の話なのではないでしょうか。

小学校に入学する前ごろまでであれば、このような伝え方で充分です。

さて、みなさん、一本の「線」で愛のストーリーを話すと考えたら、伝えたい言葉がたくさん浮かんできませんか？

はい！
わたしも「性教育＝性行為」みたいな凝り固まったイメージをもっていたひとりでーーすッ！
でもそうですよね
赤ちゃんってどうやったらできるの？
という疑問は小さい子でも抱きますよね！
そのときにどう答えればいいのか
そんなことは知らなくていいの！
と怒ったり
さぁ〜？どうしてだろうね〜？子どもにはまだわかんないかな〜
と、はぐらかしていると
これは大人に聞いてはいけない『悪いこと』なんだ…！
…と思ってしまう
あ、やばいわたしこれやろうとしてた…

でも先生がおっしゃるように
年齢に応じた話を包み隠さずに答えればいいんですね！

最も伝えるべき事項は「あなたの誕生は家族の幸せのなかで受け入れられた」という愛のストーリー
これを知ることができたらだれだってうれしくなる！
点ではなく線で伝える

そういえばわたしも父と母の馴れ初め話や
ずっと欲しかったけど なかなか赤ちゃん来てくれなくてね～ ゆむいがおなかに来てくれて本当にうれしかったんだよ
ふーーん
という話を聞いたことがありました
両親の出会いから わたしが誕生するまでのエピソードを聞けたことは
わたしの人生の糧《かて》になっています
わたしも みつが生まれるまでの話を思い出してみよう…
?

第2章

性教育をセックスから伝えようとする日本人

「家庭で伝えるいのちと性」基本編

学校で教わるのは「性の知識教育」

「家庭でも性教育をしましょう！」と聞くと、「むずかしそうだし自信がないなぁ」とか、「そんなはずかしくて生々しいことはちょっとムリ」と、学校に任せたいと考える保護者のみなさんも多いと思います。

たしかに、ある一定水準の性の知識を学ぶ場としては、学校がもっとも適していま す。

しかし、実際は、地域性や学校の方針によって差があるのが現実なのです。

子どもたちが公平に正しい性の知識を学ぶことができるようになってほしい。そのためには学校の先生だけではなく、医師、助産師、看護師、その他専門職などがもっと連携し、子どもたちが正しい性の知識を学べるようになってほしい……そう願うとともに、こうも考えるのです。

学校でていねいに教えてもらう「性の知識教育」に加えて、「家庭でしか伝えられない性教育」を伝える、これらの両輪がかなえばより理想的なのではないか……と。

この「家庭でしか伝えられない性教育」については、またあとでお話ししますね。

そもそも「性教育」ってなに?

「みなさんがイメージする性教育とは、具体的にどんな内容ですか?」と聞かれたらどう答えますか?

講演会で問いかけると、さまざまな意見が出ます。まったく同じ意見が出ることはほとんどありません。

たとえば、

「男女の体の違い」

「月経（生理）」や「射精」
「第二次性徴」
「妊娠や出産」
「性器の名称」
「男女交際」
といったことから、
「コンドームのつけ方や避妊」
「性感染症」
「妊娠中絶」
「ＬＧＢＴ」

そして、圧倒的に多いのが、
「はずかしいこと」
「エッチで伝えにくいこと」
「大事なこととは知っているけれど、わたしにはできません」

という「セックス」を連想した答えです。

「性教育」と聞いて真っ先にイメージするのが「セックス」で、そのほかにも、こんなにもイメージするものが違うんですね。

実は、これらのすべてが、性教育なのです。

では、みなさんが子どものころに受けた性教育は、どのような内容でしたか？

カーテンを閉めた暗い教室で女子だけが集められて聞いた生理の話？

若い男の先生がはずかしそうに話した受精の話？

もしくは、男女がいっしょに体育館で学んだ楽しく明るい授業でしたか？

避妊具を見たり、中絶の生々しい説明を動画で見た人もいるかもしれませんね。

つまり、性教育と聞いて何をイメージするか、それは自分自身が受けた授業や、そのあとに得た情報にもとづいているものであって、「だれもが同じ内容をイメージするわけではない」のです。

では、これが、「国語」だったらどうでしょうか。

「国語教育と聞いて、イメージするものは何ですか？」と聞かれたら、おそらく「読み書き」や「作文」などのように、だいたい同じ答えが返ってくるはずです。算数や理科・社会も同じでしょう。多くの人が、似たようなイメージをもっているのではないでしょうか。

それに対し、前述したように「性教育」はとても広い範囲をさしています。家庭科・保健体育・理科・道徳・国語と、多教科におよぶ内容でもあります。

つまり、「性教育はちょっとムリ」と考える人もいれば、「ぜひ性教育を！」と考える人もいるのは、それぞれの脳内でイメージしている性教育の内容が同じではないからなのですね。

第二次性徴は「大人のスイッチ」がオンに！

学校で教わる性教育と聞いて印象が強いのは、小学5・6年生ごろに学ぶ第二次性徴についてなのではないでしょうか。

第二次性徴は、成長が早い女子では小学4年生くらいで、男子はそれより2年前後遅れてあらわれ始めます。

わたしが「いのちの授業」で小学生に話すとき、第二次性徴についてこのように表現しています。

「男の子は声が低くなったり、ひげがはえたり、筋肉がモリモリになったり、わきやおちんちんのまわりに毛がはえたり、おちんちんがかたくなったりします。

女の子は、おっぱいやおしりが大きくなったり、体に丸みが出たり、生理が始まったりします」

「だれかを好きになったり、なんでわたしはかわいくないのだろうとか、もっとモテたいとかって悩んだり、わけもなくイライラすることもありますが、これはふつうのことです」

「第二次性徴とは、心や体に『大人スイッチ』が入ることで、とってもかっこいいことなんだよ」

また、この「大人スイッチ（または『お兄さんスイッチ』や『お姉さんスイッチ』）」は、「せーの！」と全員が同じタイミングでは入らないこと、10歳から15歳ごろまでに入ること、スイッチオンになるのが早い子も遅い子もいると説明します。

ちなみに、「お兄さんスイッチ」や「お姉さんスイッチ」、または「大人スイッチ」

という表現は、子どもたちにもイメージしやすいので、おすすめですよ。

女の子は赤飯、男の子は？

この第二次性徴である初経や精通において、わたしは常々男女差別（！）があると感じています。それは、ズバリ「女子だけ特別」という差別。

たとえば、日本には「娘が生理を迎えるとお赤飯で祝う」という風習がありますよね（この風習については否定的な考えもあります。赤飯を炊《た》くことの是非を問いたいわけではないので、あくまで「昔からの風習」としてお読みください）。

しかし、男の子はどうでしょうか。

初めて精通を迎えたからといって赤飯を炊く風習は聞いたことがありません。そもそも息子が何歳で精通を迎えたのかを把握していない親も多いはずです。

女の子は初経を迎えて祝う風習があるのに、男の子は精通しても祝われる風習がない。これは男女差別で不公平！ではないでしょうか。

その理由として、「月経は性欲に関係ないけれど、精通は性欲と関係しているからではないか」という意見もありますが、はっきりとはわかりません。ただ、男の子は精通を迎えても祝ってもらえないことは事実です。

では、学校ではどう学ぶのでしょうか。精通について、小学校の教科書にはこのように書いてあります。

「男子は、思春期になると精巣が発達して、精子がつくられるようになります。精子は白っぽい液体の精液となり、いんけいがしげきを受けたときや、ねむっている間などに、体の外に出されます」（「小学ほけん3・4年」光文書院）

「先生、ぼくはもうすぐ死ぬんです」

先日、小学校で「いのちの授業」をしたときに、6年生の男の子が思いつめた顔をして話しかけてきました。

「先生、ぼくはもうすぐ死ぬんです」

突然の告白に、わたしはびっくりしました。担任の先生からは何も聞いていなかったし、とても病気には見えない健康そうな6年生でしたから。

そして、その子はこう続けました。

「きっと、ぼくはがんだと思うんです。この前、おちんちんから変なものが出てきて……。おちんちんがムクムクと大きくなってきたから、びっくりして触ったら、先っぽから白いものがピュッて出て……（涙目）。その白いものが……くさかったんです。こんなにくさいものが体から出るということは、ぼくはがんでもうすぐ死ぬんですか？　先生、助けてください……」

脅《おび》えて泣きそうになりながら話している様子を見ると、本当に思いつめていることが伝わってきました。どれほど不安な思いですごしていたのでしょうか。

この子は、「精通」については学んでいました。白いものが出ることも知っていました。

ただ、ムクムクと大きくなることや、精液がくさいことは教わっていませんでした。

もし知っていたなら、こんな不安を抱えなくてもよかったでしょうに。

精通・射精を具体的に説明するのは、ちょっと生々しく思うかもしれませんね。とくに女性は体験したことがないので、お母さんから説明するのは抵抗感もあるでしょう。

なので、射精については、男性の力を借りることをおすすめします。10歳の誕生日を過ぎたあたりに、このように話してもらうのはいかがでしょうか。

「もう少ししたら体が大人に変わっていくんだぜ。ちんちんがカチコチになってでっかくなったり、先っぽから白いものが出るようになったら、それは大人のスイッチが入った合図。これって、スンゲーかっこいいことなんだぜ。絶対オレに言えよ。男同士の約束な」と。

このように、精通や射精・勃起を、堂々とポジティブに「かっこいいこと」と伝えておけば、いざそのときを迎えたらきっと誇らしい気持ちになることでしょう。

そして、「教えてくれたあの人に言えば大丈夫」と、安心して打ち明けてくれるのではないでしょうか。

この話をする男性は、もちろんお父さんがベストですが、父親不在の家庭であれば、兄、いとこ、おじさん、近所のお兄さん、家庭教師……。「信頼できる年上の男性」ならだれでもＯＫ！

その男性から「○○くん、お兄さんスイッチが入ったらしいよ」と教えてもらうことで、お母さんも息子の体の変化を認識することができます。

ここで大切なのは、「射精を、汚いことや気持ち悪いことと感じさせないこと」です。女の子の初経がおめでたいことなのであれば、男の子の精通も間違いなくおめでたいことなのですから。

そして、精通のお祝いをしても楽しいかもしれませんね。初経のお祝いが赤色でお赤飯ならば、精通のお祝いはホワイトチョコなどいかがですか？

「早くセックスを始めてほしい」と願う親はいない

親としては、月経や射精を迎える年齢の子どもがいると、「いつ性的なことに興味をもちはじめるのか」と、心配でドキドキするのではないでしょうか。

「アダルト動画を見始めたらどうしよう」「エッチなサイトに興味をもつかもしれない」と不安になりますよね。

多くのお母さん・お父さんは「わが子にはピュアなままでいてほしい」と願います。わが子に「早くセックスを始めてほしい」と願う親に、わたしはいままで会ったことがありません。

そのため、わが子が性的なことに興味をもちはじめると、多くの親は「あー、ついにこの時期が来てしまった」「うちの子、早熟で困っちゃう」「ずっと幼い子どものままでいてほしかった」と思うようです。

では、思春期になると性的なことに興味関心をもつのはなぜなのでしょうか。みなさんは、どう思いますか？

「身長が伸びるから」？　それとも「ホルモンの関係」？

思春期になると、性的なことに関心をもつのはなぜなのか。

その答えはいたってシンプルです。
ひとことで言えば、「健康だから！」なんですね。

つまり、性的なことに関心をもつのは、健康な証拠なのです。

昔の女性はいまよりも若くして出産していたし、10代同士で結婚することも珍しくはありませんでした。
「赤とんぼ」の歌では、「十五でねえやは嫁に行き」ます。当時の年齢は数え年ですから、実際は13～14歳で嫁いでいたのでしょう。
織田信長や豊臣秀吉が結婚したとき妻は14歳でしたし、武田信玄の妻は16歳で勝頼を出産しています。歴史上の偉人を調べると、10代での結婚や出産は珍しくありません。

平均寿命が延び、社会の変化とともに結婚・出産年齢は高くなりましたが、たとえ平均出産年齢が高くなったとしても、初経や精通を迎える年齢は変わっていません。１００年前も５００年前も同じです。「子どもから大人の体」へ変化するタイミングは、すでにわたしたちの体にプログラミングされているのです。

こう考えると、「初経や精通を迎えて数年したら、性的なことに関心をもつ」のは、「健康な心と体に成長している証拠」であることがわかりますね。

刷り込まれた性のイメージは大人になっても消えない

しかし、親世代のなかには「家庭で性の話はタブーだった」「大人に性的な話をしてはいけないと言われた」という人も少なくないと思います。

もちろん、性的な話題は、人前で堂々と話すにはふさわしい内容ではありません。

もし女性が性行為について堂々と大声で語れば、「遊んでいる」「尻軽」と、マイナスな印象をもたれてしまうことでしょう。

しかし、このような教えを受けた影響で、大人になってもずっと「性欲があるのははずかしい」「性的なことははしたない」「とにかく悪いこと」というイメージから解放されないまま悩んでいる人がいるのも事実なのです。

産婦人科医で性科学者の宋美玄《そんみひょん》さんは、ネガティブな性的イメージに悩む女性を数多く診察した経験から、このような話をしていました。

「友だちとも家族とも性的な話ができないまま、なんとなく性にネガティブなイメージで大人になってしまう人ってかなりいるんです。とくに、女性。

わたしはそういう患者さんによく会うんですけれども、いざ結婚してセックスをしてもまったく気持ちよくなれなかったりとか、性的欲求がわかなかったりするので子作りの段階になって困るというのも、見えない課題として多いと思います」

なぜこのように、「性的情報＝ネガティブ情報」だとインプットされてしまったのでしょうか。だれが、いつ、どこでインプットしてしまったのでしょうか。

それは、親が「性的に潔癖であるべき」「女性は控えめにするべき」と刷り込んだからかもしれません。または学校の先生から「純潔教育」を受けたからかもしれません。追及しても特定することはむずかしいでしょう。

ただ間違いなくいえるのは、「ネガティブ・イメージを刷り込んだのは大人の責任だ」ということなのです。

そもそも「性」とは、はずかしくて、はしたないことでしょうか。

性的な欲求は、食欲や睡眠欲とならぶ基本的な欲求です。性欲があることは健康な証拠であり、むしろ性欲がないほうが不健康で心配すべき状態です。

子どもが成長して思春期を迎え、好きな人に触れたい、そばにいたい、もっと深くつながりたいと願うのはごく当たり前のことです。もしも「性的欲求」というものがなくなってしまえば、人類の未来もないのですから。

子どもは親のことを本当によく見ています。子どもは、お父さんとお母さんが大好きです。そんな大好きな親の意見や、考え方を素直に吸収します。

もしも親自身が性的なことにネガティブなイメージをもったままであるなら、そのイメージがそのまま子どもへ伝わりつづけてしまう可能性もはらんでいるのではないでしょうか。

「性」という字は「心が生きる」と書くように、その人自身の心や生き方そのものでもあるのですね。親から子どもへ「性」や「いのち」を語ろうとするとき、親自身が「自分は性にネガティブなイメージをもっていないだろうか」と振り返ることもおすすめします。

そして、ポジティブでワクワクする表現を子どもに伝えつづけていくうちに、親自身に刷り込まれている性のイメージそのものが変わっていくかもしれませんね。

あとの章では、具体的な伝え方をどんどんご紹介していきますね。

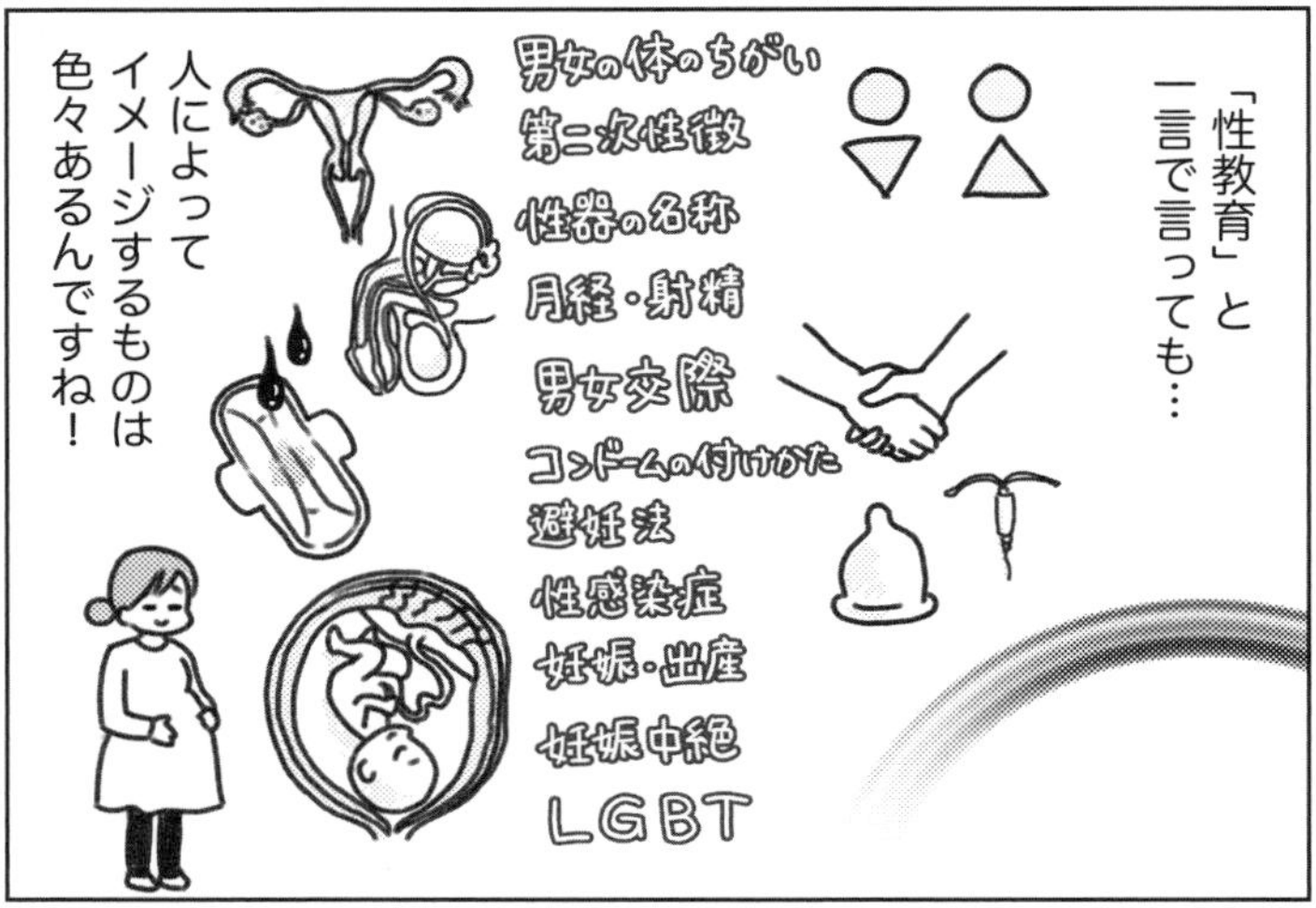
「性教育」と
一言で言っても…
男女の体のちがい
第二次性徴
性器の名称
月経・射精
男女交際
コンドームの付けかた
避妊法
性感染症
妊娠・出産
妊娠中絶
LGBT
人によって
イメージするものは
色々あるんですね！

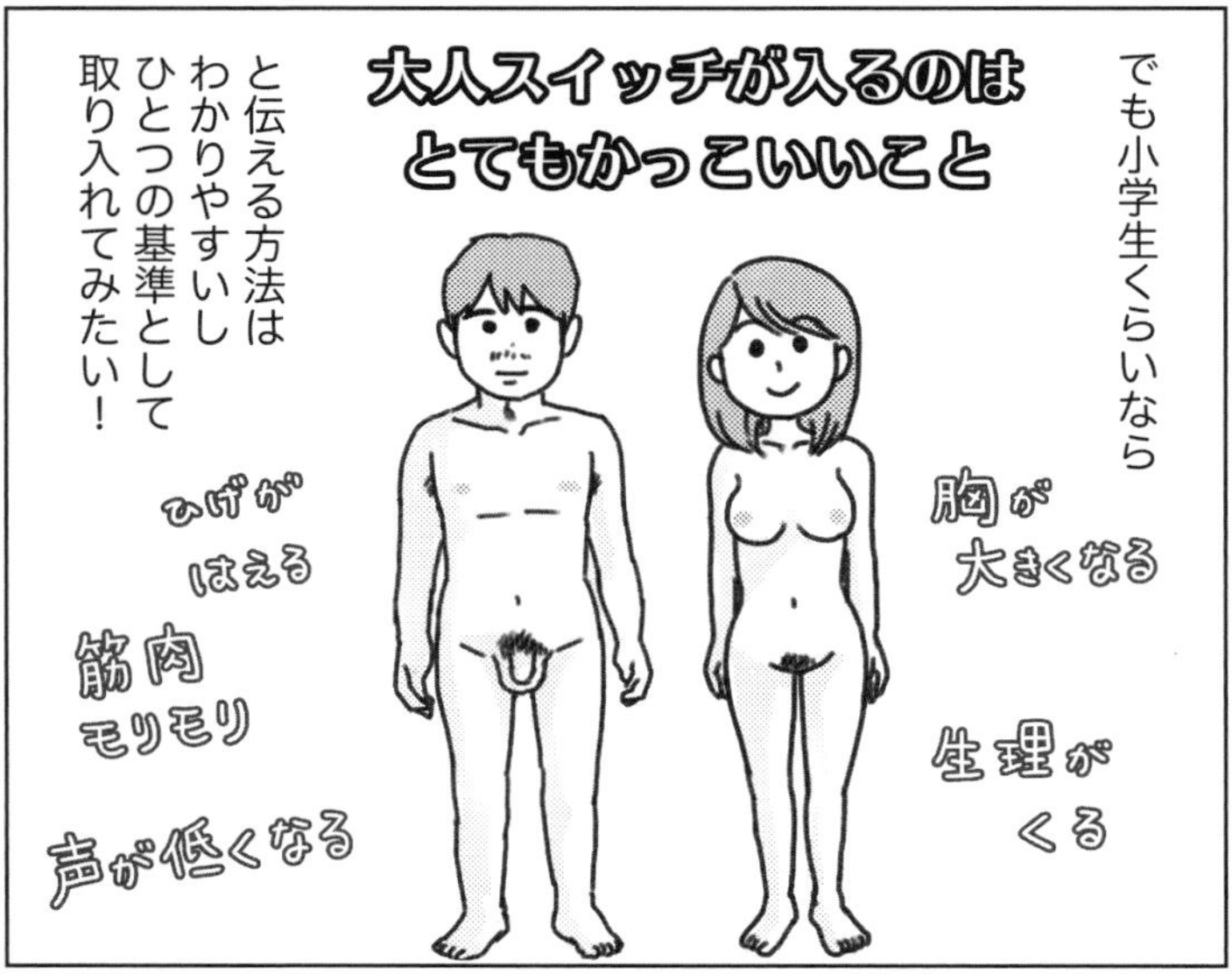
でも小学生くらいなら
大人スイッチが入るのは
とてもかっこいいこと
と伝える方法は
わかりやすいし
ひとつの基準として
取り入れてみたい！
胸が
大きくなる
生理が
くる
ひげが
はえる
筋肉
モリモリ
声が低くなる

性に関心をもつのは健康な証拠…これは成長している証しなんです
初めて歩いた初めてしゃべったあのとき喜んだことと同じなんだ!!
ああついに…
と、ガッカリすることではないんですね
そもそも性的欲求があるからわたしたち人類は存在しているわけで
ネガティブなものではない、と自分のなかのイメージから改めようと思います

挑戦！　大人向け性の知識○×クイズ……❶

巷《ちまた》には多くの性情報が流れていて、そのなかにはガセネタもたくさん。
あなたは「大人向け性の知識○×クイズ」に何問正解できるでしょうか？
ぜひチャレンジしてみてくださいね！

問題

次の内容は、○でしょうか、×でしょうか。

① 不妊症と生理痛は関係ない。
② 若いときはピンクだった女性のチクビの色は、年を重ねるごとに黒ずんでいく。
③ 女性の一生の生理回数は、１００年前の5倍に増えている。
④ 閉塞性無精子症であれば妊娠は望めない。
⑤「妊娠すると生理がとまる」ことは、義務教育で学ぶ。

解答欄	
①	
②	
③	
④	
⑤	

解答・解説

正解は、全問✕！

さっそく、答え合わせをしていきましょう。

① ✕ 不妊症と生理痛は関係があります。

女性同士であれば、「生理痛がひどい」とか、「わたしは量が多くって」という会話をしたことがあると思います。生理痛がつらい人にとっては「生理とは苦痛そのもの」で、それが当たり前になっているかもしれません。

実は、生理痛が重いということは、子宮筋腫や子宮内膜症といった子宮の病気が潜んでいる可能性もあるのです。

もし子宮内膜症があれば、不妊症の原因になることもあります（不妊症の原因の30～50％が内膜症）。

常に「生理＝つらい」「生理＝痛み」の場合は、婦人科での診察をおすすめします。

② ✕

女性のチクビは年を重ねるほど濃くなっていくわけではありません。巷には「男性経験が豊富だとチクビが黒くなる」なんて思っている男性もいますが、これはれっきとした間違いです。

チクビの色はメラニンの影響を受けます。白人のチクビがピンク色なのは、白人のメラニン活性が低いから。日本人女性も、閉経を迎えるころになるとメラニンをつくる細胞の働きが弱まり、チクビの色がピンクに戻っていきます。

さらに、妊娠してからチクビが黒ずむように感じませんでしたか?その理由は「赤ちゃんが認識しやすいため」だと言われています。生まれたての赤ちゃんは淡い色が認識できません。

つまり、チクビの色が濃いのは、母乳を飲ませる可能性がある年齢になると濃くなって、母乳を飲ませない年齢になるとピンクに戻っていくというしくみのためなんですね。女性の人生を通してチクビが変色するのは、まさに神秘。

③ ×
現代女性の一生分の生理回数は、なんと１００年前の９倍！

５倍どころではありません。

出産年齢は上がり、いまでは平均31歳。

しかし、出産年齢が上がったら初経の年齢も上がるなんてことはなく、１００年前と変わりません。


そして子どもの数も減り、ひとりの女性が一生に出産する人数は平均１・36人（２０１９年合計特殊出生率より）。１００年前のように、５人以上産むのが一般的だったころと比べると、生理の回数が増えるのは当然ですね。

ちなみに、貧血女子が増えたことも、生理の回数が多いことと関係があるんですよ。

④ ✕ 閉塞性無精子症であれば妊娠は不可能ではありません。

無精子症には、非閉塞性と閉塞性のふたつがあり、精子がつくられていないのは「非閉塞症」、精子をつくっているけれど詰まってしまって出てこられないのが「閉塞性」です。

つまり、閉塞性無精子症では、精巣のなかに精子が存在するため、手術で精子を取りだせば子を授かることが可能です。

元ロックミュージシャンのタレントが「無精子症だった」と公表しましたが、その後お子さんが3人生まれています。彼は閉塞性無精子症でした。

⑤ ✕ 「妊娠したら生理がとまる」ことは、中学校を卒業するまでに教わりません。

びっくりしますが、事実です（もちろんなかには教えている学校もあります）。

ということは、学校の勉強をまじめにしている女子生徒が妊娠して生理がとまったとき、真っ先に考えるのは生理不順なんですね。

大人が「ごく当然」と認識している、「妊娠したら生理がとまる」ことを知らないまま義務教育を終えているのはかなり心配です。

「おなかが大きくなってきたけれど便秘かな」

「部活やめたら太っちゃった」

自覚のないままに妊娠が進行していた高校生に関わったことがありますが、最後の生理がいつだったのかすら覚えていませんでした。

妊娠の可能性うんぬんの前に、女の子が初経を迎えたら「生理が毎月きちんとあるかどうか」を親子でチェックする習慣はつけていきたいですね。

第3章

大人もびっくり！いまどきのすごい性事情

日本は性教育後進国！

「性教育について伝えたい！　でも、何歳ごろにどんなことを教えたらいいのかがわからない！」

そう思うお母さんが多いのではないでしょうか。

実は、性教育の国際的なガイダンスがあるんです。その名もズバリ「国際的な性教育の指針（International Technical Guidance on Sexuality Education）」。２００９年に発行されました。

ＵＮＥＳＣＯ（国連教育科学文化機関）・ＵＮＡＩＤＳ（国連合同エイズ計画）・ＵＮＩＣＥＦ（国連児童機関）などの国連機関や専門家の意見など、とってもまじめな情報がまとめられており、日本語訳も２０１７年に出版されています（『国際セクシュアリティ教育ガイダンス』明石書店）。

このガイダンスには、「何歳ごろにどんな性教育をするとよいか」が具体的にまとめられています。

そこにはなんと、「5歳から8歳で、卵子と精子の結合で赤ちゃんができると伝える」、さらに、「9歳から12歳でコンドームを使用しないと性感染症のリスクが上がると伝える」と書かれているのです！

日本の教科書との違いに衝撃を受けませんか？

では、学校の授業数の違いはどうでしょうか。
日本の性教育で生殖などを学ぶのは中学校で、年に1～10時間ほどの授業時間があてられます（東京都教育委員会「性教育の手引き」より）。おもに保健体育の授業のなかで学び、性交や避妊については、その単語が教科書に数回出てくる程度です。

これに比べて、フィンランドやオランダなどでは、教育機関での性教育が4歳から義務化されています。オランダでは、未就学児向けの「性教育の絵本」コーナーがあり、0歳から性教育をはじめることが一般的です。
またフィンランドでは、なんと、7年生から9年生（13歳から15歳）までで、トータル114時間もかけて学んでいるのです（年に12時間から20時間）。内容はどうかというと、具体的な避妊方法から性的な同意にまでおよんでいます。ああ、日本との差たるや、歴然！

日本が「性教育後進国」だと聞いても納得しますよね。

先日も、日本が性教育後進国だと痛感するできごとがありました。ある高校から性教育講演の依頼を受けた際に、先生がこう言ってきたのです。

「当校では、セックスについて知らない生徒もいます。共学ですが、校則で禁止しているので男女交際は一切ありません」

もう、衝撃でした。

高校生ですよ!!

高校生にもなって「セックスについてまだ知りません」「男女交際はありません」

なんてありえないですよね。

そんな浮世離れしたことを堂々と話す先生に、「それは逆に、とても心配な状態ではないですか？」と言いたくなるのを、わたしはぐっとこらえました。

さらに、日本の性教育の浮世離れぶりを表すようなびっくり発言を紹介しますね。ある国会議員がテレビ番組のなかでこんな衝撃発言をしたのです（２０１５年）。

「子ども時代は、ちょうちょが飛んでいる姿、お花がきれいに咲く姿、昆虫が一生懸命に歩いている姿、それで充分命の尊さをわたしたちは学んできた。性教育を教えるのにふさわしい年齢は、結婚してから」（女性国会議員）。

セックスは結婚してから……って、平均初婚年齢は30歳前後ですよー！

このように、『国際セクシュアリティ教育ガイダンス』と比べると、いかに日本が「性教育後進国」なのかを痛感させられますよね。

■ユネスコ『国際セクシュアリティ教育ガイダンス』の年齢別学習目標と主な内容（生殖について）

レベル1（5〜8歳）

赤ちゃんがどこから来るのかを説明する

- 卵子と精子が結合して赤ちゃんができる
- 排卵、受精、受胎、妊娠、分娩など多くの段階がある

レベル2（9〜12歳）

どのように妊娠するのか、避けられるかを説明する。避妊方法を確認する

- 無防備な性交は、妊娠や HIV など性感染症にかかる可能性がある
- 常にコンドームや避妊具を正しく使用すると、意図しない妊娠や性感染症を防げる
- 低年齢での結婚、妊娠、出産には健康上のリスクがある
- HIV 陽性の女性も健康に妊娠でき、赤ちゃんへの感染リスクを減らす方法がある

レベル3（12〜15歳）

妊娠の兆候、胎児の発達と分娩の段階を説明する

- 妊娠には検査で判定できる兆候や症状がある
- 妊娠中の栄養不足、喫煙、アルコールや薬物使用は胎児の発達へリスクがある

レベル4（15〜18歳）

生殖、性的機能、性的欲求の違いを区別する

- パートナーとの性的な関係で、双方の合意はいつも必要
- 意図しない妊娠や性感染症を防ぐ方法を事前に考えることが必要
- すべての人に生殖能力があるのではない。不妊に取り組む方法がある

「寝た子を起こすな」は正しい？

みなさんは、性教育に消極的な人たちから「寝た子を起こすな」という言い方を聞いたことがありませんか？

それは「具体的な性教育をすると性的な行為に興味をもつようになるし、不用意にセックスしてしまう。そうしたら想定外の妊娠や性感染症になるかもしれない。だから、具体的な性教育はＮＧ」という意味なのですが、はたして正しいのでしょうか。

『国際セクシュアリティ教育ガイダンス』には、こう書かれています。

「若者が責任ある選択をするための科学的で正しい知識やスキルを、年齢に応じ、その文化にあったかたちで身につけることで、性行動が慎重化し、リスクを減らすことができる」

つまり、きちんと学ぶことで「寝た子が起こされるどころか慎重になること」が、国際的な調査でわかっているのですね。

さらに、「寝た子を起こすから」と性の正しい知識を知らせないままだと、性犯罪の加害者や被害者を増やしてしまうリスクもあるのです！

女の子の胸や股を触りつづけた男子中学生

これは、ある弁護士さんから聞いた話です。

弁護士さんは、強制わいせつ罪で家庭裁判所へ送致された男の子を担当していたそうです。その加害者の男の子は、なんと、まだ中学生でした。

男の子は、同級生から「女の子は胸を触られたら、嫌がっているようでも気持ちがいいらしい」と聞いていました。そのため、学校の帰り道で同級生の女の子の胸や股を触りつづけてしまったのです。

彼は、学校で性交や避妊について学んでいませんでした。

そのため、性的なことに興味をもったときの情報源のほとんどが、同級生の言葉とスマホのアダルトサイトだったのです。その情報だけをもとに、「嫌だと言っていても気持ちいいはずだ」と信じてしまっていた……。

これが、性犯罪加害者のリアルなんです。

その弁護士さんは男の子に、性について詳しく書かれた本を渡しました。男の子は本を読みおえてから、「これを事件の先に読みたかった……」と、言ったのだそうです。

弁護士さんは、「彼がやったことは犯罪であり加害者の立場です。しかし、性に関する知識を教わっていなかったという意味では、彼は被害者のひとりでもあると思う」とくやしそうに話していました。

また、産婦人科医の高橋幸子《たかはしさちこ》さんはこう言います。

「思春期外来で性虐待児の診察をするたびに、正しい性の知識があれば性の被害者にも加害者にもならなかったと思うと、くやしくてたまらない」と。

現在、高橋さんは「性教育が行き届く社会にしたい」と、性教育を広める活動に精力的に取り組んでいます。

このように、「性の正しい知識を子どもたちへ伝えることはとても大切だ」と感じている専門職の人たちはたくさんいます。

つまり、「性教育を行うことで寝た子を起こす」という認識は適切ではなく、「性教育を行わなければ、子どもが性犯罪加害者や被害者になってしまうリスクがある」という表現が正しいことがわかりますよね。

■中高生の性交経験率（%）

	中学１年	中学２年	中学３年	高校１年	高校２年	高校３年
男子	0.6	2.2	6.9	11.8	21.1	27.6
女子	1.0	1.1	3.4	9.4	16.2	18.1

（「2014年度児童・生徒の性に関する調査報告」より）

初めてセックスする年齢は……

では、現実論として、子どもたちは何歳くらいでセックスを始めているのでしょうか。

日本性教育協会の調査によると、高校３年生女子で５人にひとりが、高校３年生男子で４人にひとりがセックスを始めていることがわかります（２０１４年調べ）。

もちろん、「いまどきの高校生は」と、ひとくくりに考えるのは雑かもしれません。

わたしはいままで多くの中学・高校で性教育を伝えてきましたが、「まだセックスの意味すらよくわからない」ような幼さが残る子どもたちもいれば、「クラス全員、すでにセックスしています」という大人びた反応の子どもたちもいました。

それには、地域性なども影響しています。たとえば、娯楽施設（カラオケやゲームセンターなど）が多いエリアよりも、少ないエリアのほうが性行為を始める年齢が早い傾向があります。また、進学校に通う生徒より職業訓練校や定時制校に通う生徒のほうが、早い傾向があります。

ただ、はっきりと言えるのは、「わたしたち保護者世代よりもセックスを開始する年齢が早くなっている」ということです。

想定外の妊娠に寛容ではない日本人

セックスをすれば当然、妊娠する可能性が出てきます。では、想定外に妊娠した場合に、日本の女の子たちの多くはどんな選択をすると思いますか？

10代の女の子が想定外の妊娠をした場合、約60%が中絶を選択しているのです。

この事実は衝撃ですよね。

もちろん、「中絶したくて妊娠する」ことはありませんから、想定外の妊娠は「避妊の失敗」もしくは「正しい避妊法がわからなかった」からでしょう。適切な性教育がゆきわたることを願ってやみません。

では、想定外の妊娠をした10代の女の子の6割もが、中絶を選択したくなるのはなぜでしょうか。

わたしは、「日本人は想定外の妊娠に寛容ではないこと」も関係しているように思っています。

もし高校生が妊娠すると、学校の先生から「退学」もしくは「中絶」を勧められることが多いのは事実です。「無事に出産して、学業と育児を両立するためにはどうしたらよいか」を、いっしょに考えてくれる先生は多くありません。

しかし同じく想定外の妊娠でも、たとえばブラジルの場合は反応が違うようです。津田塾大学教授である三砂《みさご》ちづるさんの著書『オニババ化する女たち』(光文社新書)のなかに、18歳の女の子が想定外の妊娠をしたときの家族の反応が書かれていました。

親や親戚は「自分だけで問題を解決できないと言ってきているのだから、大人たちが手を差し伸べて当たり前だ」と、妊娠と学業を両立するための策を考えるのだそうです。さらに、「妊娠や出産は応援するけれど、結婚するかどうかはゆっくり考えればいい」というのも興味深いと思いました。ブラジルでは、妊娠したのだからと急いで結婚させることはなく、「授かった赤ちゃんを大切にしよう」ということを最優先に考えていることに驚きました。

それに反して日本の場合は、どうでしょうか。

■妊娠100に占める中絶の割合（%）
（平成26年人口動態統計、平成26年度衛生行政報告例）

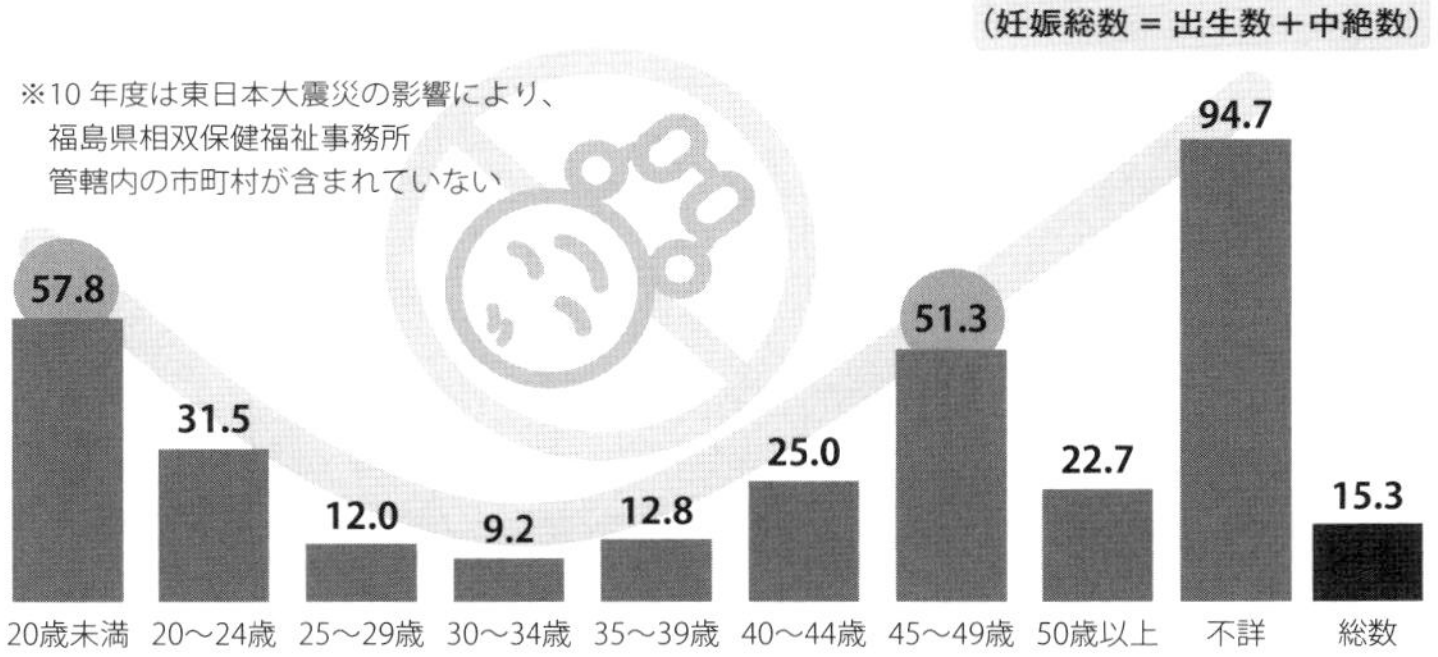

想定外の妊娠をした場合、10代では約6割が、さらに40代でも約5割もの女性が、妊娠したことを隠して中絶を選択している……。

中絶数の世界平均は3・5％（グットマッハー研究所2018年）なのに比べて、日本では6・5％（厚生労働省人口動態2016年）と、日本では中絶を選択する女性が多いことがわかります。

この理由には、性教育がゆきわたっていないことや、緊急避妊薬が入手しにくいなど、さまざまな背景が関係していることでしょう。島国という閉鎖的な風土の影響もあるのかもしれません。

「想定外の妊娠では中絶を選択することが多い」、これが日本のリアルなのです。

禁止と脅しではなく自分を守るために

これまでお話ししてきたとおり、日本の小・中学校、高校においては、「寝た子を起こさないために具体的に伝えない」、そして、具体的に伝えられないから「とにかく（セックスしたら）ダメ」「妊娠したらヤバい」「性病になったらこわい」といった、禁止と脅しの考え方が蔓延《まんえん》しています。

そもそも妊娠とは、しあわせでよろこばしく神秘的なことです。

「してはいけないことをしてしまった結末」ではありません。

しかし、学校で禁止と脅しの性教育を受けつづけていたら、大人になってから妊娠したときにも「どうしよう、妊娠してしまった……」と、まるで悪いことをしてしまったかのように感じてしまうでしょう。

ある女性政治家が、こんな話をしていました。

「わたしは学校の授業で『セックスをしてはいけない』と教わったので、したらダメな悪いことなのだと思っていました。『結婚するまではセックスしてはいけない』と思い、30代になっても彼氏との関係を拒んでいました。

そして、40歳を超え、産婦人科を受診したときに『あなたの卵子は老化しています。妊娠できないかもしれません』と言われてしまったのです。目の前が真っ暗でした。この先、結婚しても妊娠が望めないなんて！

結婚せずに妊娠している人もいるということは、結婚前にセックスしてもよかったんですよね。もう妊娠が望めなくなってしまったいまとなっては、何歳でセックスを始めるのが正解だったのか、いまだにわからないままです」

彼女は妊娠することなく、現在50代後半です。まじめな性格で、きっと10代のころに大人から言われたことを律儀に守りつづけてきたのでしょう。

さてみなさん、学校で「セックスをしないように」「性病になったらこわい」「妊娠したらヤバい」と指導するのはなぜだと思いますか？

大人たちが本当に伝えたいことは、どんなメッセージでしょうか。

「性病になったらこわい」というのは、「正しい知識や技術がともなっていなければ、性病に感染することがあるよ。性病というのは、妊娠する力を奪ってしまうこわい病気だよ」というメッセージを伝えたいからですよね。

「妊娠したらヤバい」というのは、「妊娠はとってもすばらしいことだからこそ、心も体も大人になるまで待ったほうがいいよ。勉強やスポーツを楽しむ時間が減ったら、もったいないよね」というメッセージを伝えたいからではないでしょうか。
「こわい」「ヤバい」「ダメ」という禁止や脅しとセットで伝えれば、「バレなければいい」「コソコソすればいい」と考えてしまうかもしれません。禁止や脅しではなく、「大切だから守ってね」という伝え方をしたい。

大人から、子どもたちへ「とっても大切なことだから、とってもしあわせなことだから、いつか妊娠したいと思ったときに健康に妊娠できるように、自分のからだを大事に守ってね」というメッセージとして伝えたい。

そう伝えることで、男の子も女の子も「自分だけではなく相手のからだも守りたい」「性感染症にかかってしまったら、自分の未来がもったいない」と考えられるようになるのではないでしょうか。
「自分を守りたい」と考えることができれば、性行動にも慎重になるはず。

■性感染症の現実（クラミジア感染）

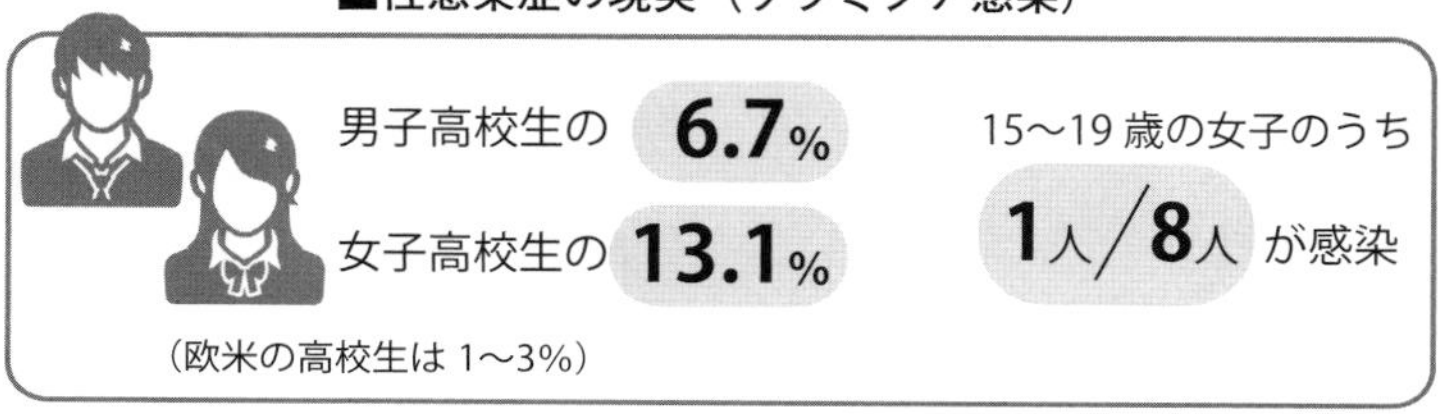
男子高校生の 6.7%
女子高校生の 13.1%
（欧米の高校生は 1〜3%）
15〜19 歳の女子のうち
1人／8人 が感染

そう思いませんか？

10代の性感染症クラミジアのこわい現実

さらに、みなさんが驚く現実をお伝えします。

実は、性感染症のひとつであるクラミジアの感染者が10代の女の子にとても多いのです。


ここで、クラミジアについて説明しますね。

クラミジアは、粘膜と粘膜がこすりあうことで感染し、人の細胞にクラミジア菌が寄生して繁殖することで起こる性感染症です。とくに女の子は、感染しても症状がほとんどないために発見が遅れ、早期発見しにくいのが特徴です。

しかし気づかずに放っておけば、将来の不妊症や子宮外妊娠につながることもある性感染症なのです。

そんなクラミジアに感染している日本の高校生は、なんと女の子は８人にひとり、男の子は14人にひとりもいるんです！（２００６年国立保健医療科学院調べ）。

これは衝撃的です。

これに対して欧米では、どうでしょうか。

欧米の高校生は、約１～３％しかクラミジアに感染していません。

とくに日本人の女の子にクラミジア感染が多いという現実を聞くと、意外な気がしませんか？

なぜ日本の女の子は、８人にひとりという高い確率で感染してしまっているのでしょうか。

先ほど、クラミジアは粘膜と粘膜がこすりあうことで感染する、と説明しました。粘膜は性器だけではありません。のども粘膜です。

女子高生の多くはどこに菌をもっているのか……。
おそろしいことに、のど、つまり口のなかにもっているのです！
なぜ女の子なのか。つまりそれはどういうことか……この先はご想像ください。想像するだけで目をそむけたくなりますね。

わたしは、この原因として、「禁止と脅し」の性教育も関係しているように思えてなりません。

健康だから性行為に関心がある、でも「セックスしたらダメ」だと禁止されている。だったら妊娠しなければ大丈夫だろう。そう考えるのではないかと。

もし、のどがクラミジア菌に感染していたなら、キスをしただけでもうつる可能性があります。

つまり、いまのカレシの元カノジョの元カレシの元カノジョの……とたどっていく途中のだれかひとりが感染していたなら、続いて感染してしまうということです。

ということは、キスしかしていなかったとしても、男の子も女の子もクラミジアに感染するリスクがある……。そう想像すると、ゾッとしませんか？

このように、欧米とは比較にならないほど多くの10代の女の子がクラミジア感染している現実を知ると、避妊や性感染症について具体的にきちんと学ぶ性教育の大切さを痛感してやまないのです。

日本の避妊はコンドームがダントツ1位

さて、みなさんは避妊法と聞いて、真っ先に思いつく方法は何でしょうか。

日本人が行っている避妊法は、次のような順位になります。

第1位：コンドーム　82・0％
第2位：性交中絶法（膣外射精）19・5％
第3位：オギノ式　7・3％
第4位：ピル（経口避妊薬）4・2％
第5位：ＩＵＤ（子宮内避妊具）0・4％
（複数回答あり）
（2016年日本家族計画協会調べ）

日本では、圧倒的にコンドームユーザーが多数。

しかし、このコンドーム。つける・つけないは女性が決められません。

2位の膣外射精を選択するのも男性です（そもそも膣外射精は避妊法ではないので、「外に出しているから避妊できている」という男性がいたら、無知か無責任のどちらかですよ！）。

つまり、日本人が避妊法を選択するとき、「決めるのは男性」という意識がまだまだ根強いのですね。

しかし、世界に目を向けてみると、避妊法はまだまだたくさんあります。

低用量ピル（避妊成功率　91％）
女性用コンドーム　（避妊成功率　79％）
ＩＵＤ／ＩＵＳ（避妊成功率　99％）
避妊注射（避妊成功率　94％）
避妊シール（避妊成功率　91％）
ダイアフラム（避妊成功率　88％）…膣に入れて使うやわらかいカップ
避妊インプラント（避妊成功率　99％）…女性の腕に埋め込む
避妊リング（避妊成功率　91％）

殺精子剤（避妊成功率　71％）
（「#なんでないの」ウェブサイト）

このなかで、知っている避妊法はいくつありますか？
「聞いたこともない避妊法がある」のは当然で、コンドーム、低用量ピル、IUD／IUS以外の避妊法が、日本ではまだ未承認なのです（2020年3月現在）。

「避妊する・しない」は女性が決める

みなさんは、SRHR（性と生殖に関する健康と権利）を知っていますか？

社会活動家の福田《ふくだ》和子《かずこ》さんは、大学生当時に留学先のスウェーデンで当然のように手に入った避妊具が日本にないことに驚き、「日本にはなんで世界と同じようなレベルの避妊法がないの？」と疑問をもったそうです。

福田さんは、こう話していました。

「女性側から『女性主体の避妊法を認可してください』とお願いをして、『はい、出してあげますよ』ということ自体がそもそもおかしいのです。

それはまるで、食事の際に、女性の席にだけ箸が置かれていないようなものです。男性に『箸をください』とお願いして、『はい、出してあげますよ』というのはおかしいですよね。

男性主体の避妊法があるのであれば、同じように女性主体の避妊法も存在し、使うか使わないかも女性自身が選択できる。それが当然の権利なのです」

しかし、そもそも日本では、「女性主体の避妊方法がある」ことすら知られていません。

避妊法といえばコンドームという考え方が一般的です。これでは、男女が平等とはいえないですよね。

避妊を希望していても、「カレが（夫が）コンドームをつけてくれないから避妊で

■気が乗らないのに性交渉に応じた経験がある

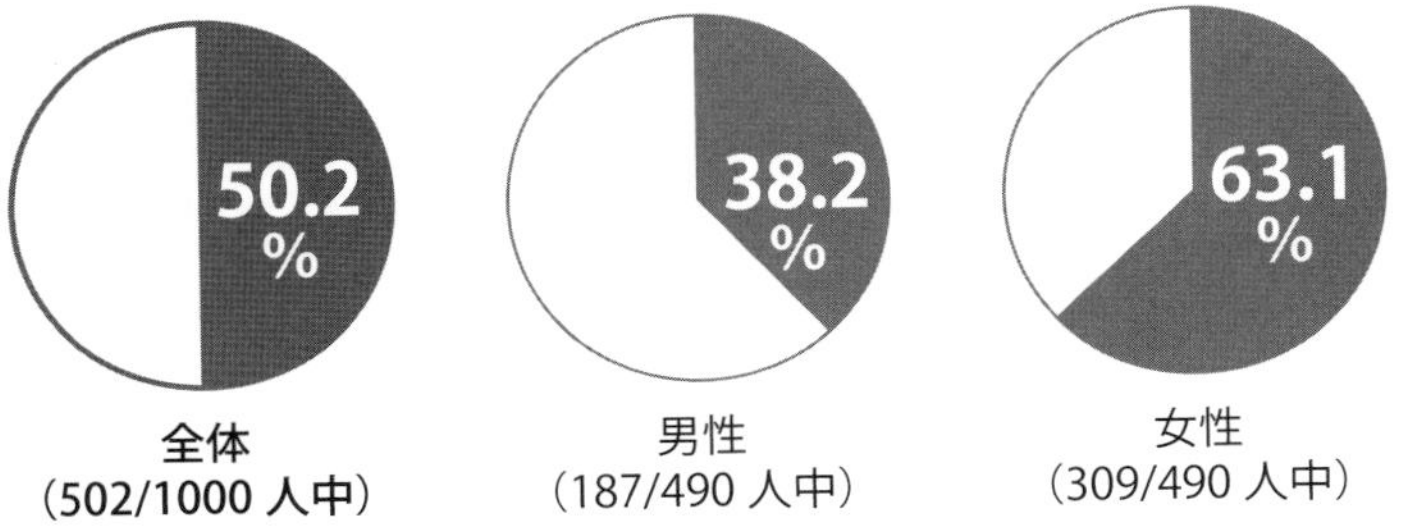

■男性が「セックス」について語るのはタブーである
（そう思う・ややそう思う）

■女性が「セックス」について語るのはタブーである
（そう思う・ややそう思う）

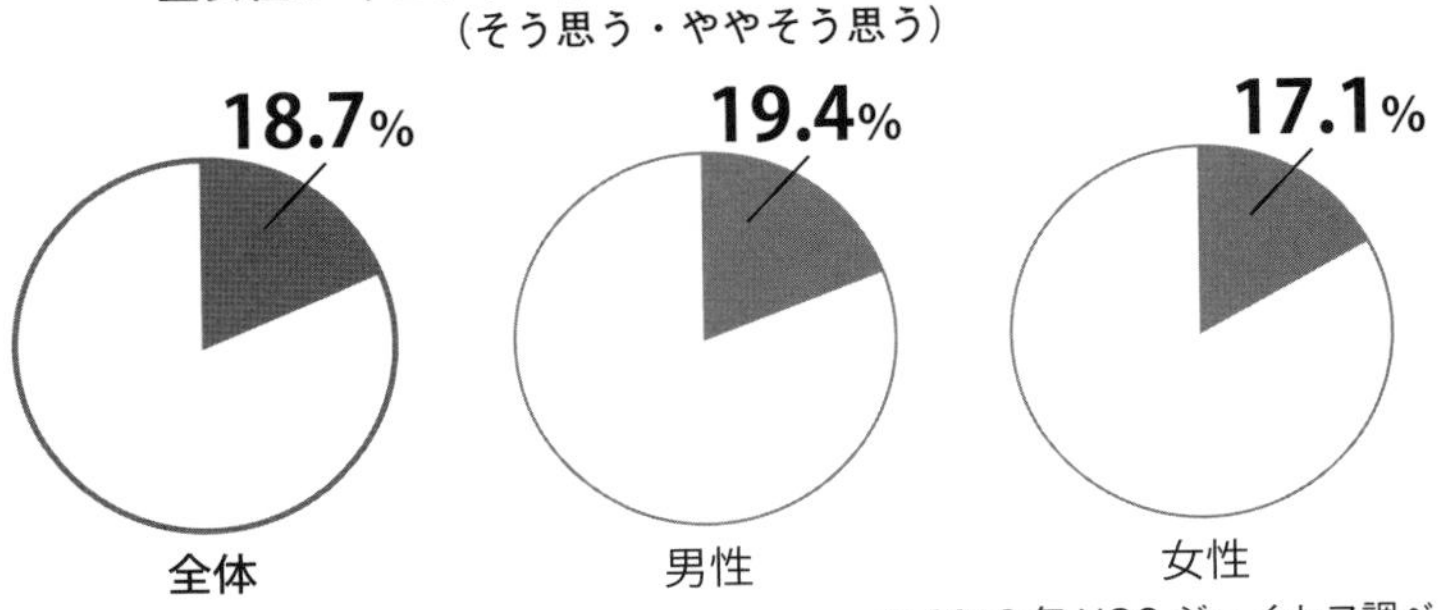

※ 2019 年 NGO ジョイセフ調べ

きない」と、避妊は男性がするものと考えている女性は少なくありません。

さらに「性に関する意識」の調査をしても男女差が明確です。「セックスについて語ることがタブーと感じるか否か」という設問に対し、男性が語るよりも女性が語るほうがタブーだと考える人が多いのです。

妊娠するのが女性なのであれば、「妊娠したい、もしくは、したくない」も、女性が主体性をもって選択するのは当然の権利なのではないでしょうか。

日本では性行為も避妊も男性が主体で、男女が平等ではないのは、とても残念な現実ですよね。

性教育とはライフスキル教育

「性」という字は心が生きると書くように、性教育は生き方教育でもあります。

つまり、性教育とは「セクシャリティ教育」であるとともに、「ライフスキル教育」なのですね。

たとえばフィンランドの性教育では、「気持ちに気づくこと」から教えます。「かなしいときはどんな感じ？　怒ってるときは？　楽しいときは？　だれかを好きと思ったときは？」というように。

そして、この性教育は、「子ども同士の遊びも大人の性的同意も基本は同じ」という考え方へとつながります。「セックスをするときには同意が必要」というと急にハードルが上がる気がしますが、「性的なことだけが特別ではない」ととらえればいいのです。

たとえば、子どものうちに「ちょっとおもちゃを取ったくらいなら大丈夫だよ」「冗談でたたいただけなんだから、あなたは悪くない」と教わったとします。

すると、大人になってからも、「ちょっとお尻を触ったくらいならいいだろう」「冗談でセックスしただけだから悪くない」という考え方につながってしまうかもしれません。

これでは「悪意なき性犯罪加害者」になってしまうわけです。

子どものころから、「嫌がることはしない」「冗談でもダメなものはダメ」と教えることは、つまり、自分と他者との境界線を明確にしたコミュニケーションスキルの学習なのです。それらを、くり返し学習・体験していくことで、将来の複雑な人間関係やできごとにおいても対応できるようになる……。

「性教育はライフスキル教育」というのは、このようなことです。近い未来に、日本でも取り入れられるようになるといいですね。

セックス情報を仕入れるのはどこから?

子どもたちは、どこからセックスの情報を仕入れると思いますか?

情報源は、「友人や先輩」もしくは「インターネット」、そして「アダルト動画」が多いようです。さらに、２００６年と２０１８年の調査を比較すると「インターネットやアプリ、ＳＮＳなど」の割合が上昇しています（「青少年の性行動全国調査報告」日本性教育協会）。

保護者世代のみなさんが中学生のころは、スマホでアダルトサイトを見ることはできませんでしたよね。アダルトビデオを見たければ、レンタルビデオショップへ行き、「18禁」ののれんをくぐり、レジで年齢確認されるなどはずかしい思いをしなくては叶《かな》いませんでした。

しかし、いまではとても簡単にアクセスできてしまいます。

さらに、初めて触れた性商業情報が「ノーマル」なのか「アブノーマル」なのかを判断する視点もまだ身につけていません。

■中学・高校・大学生男女別の性交情報源

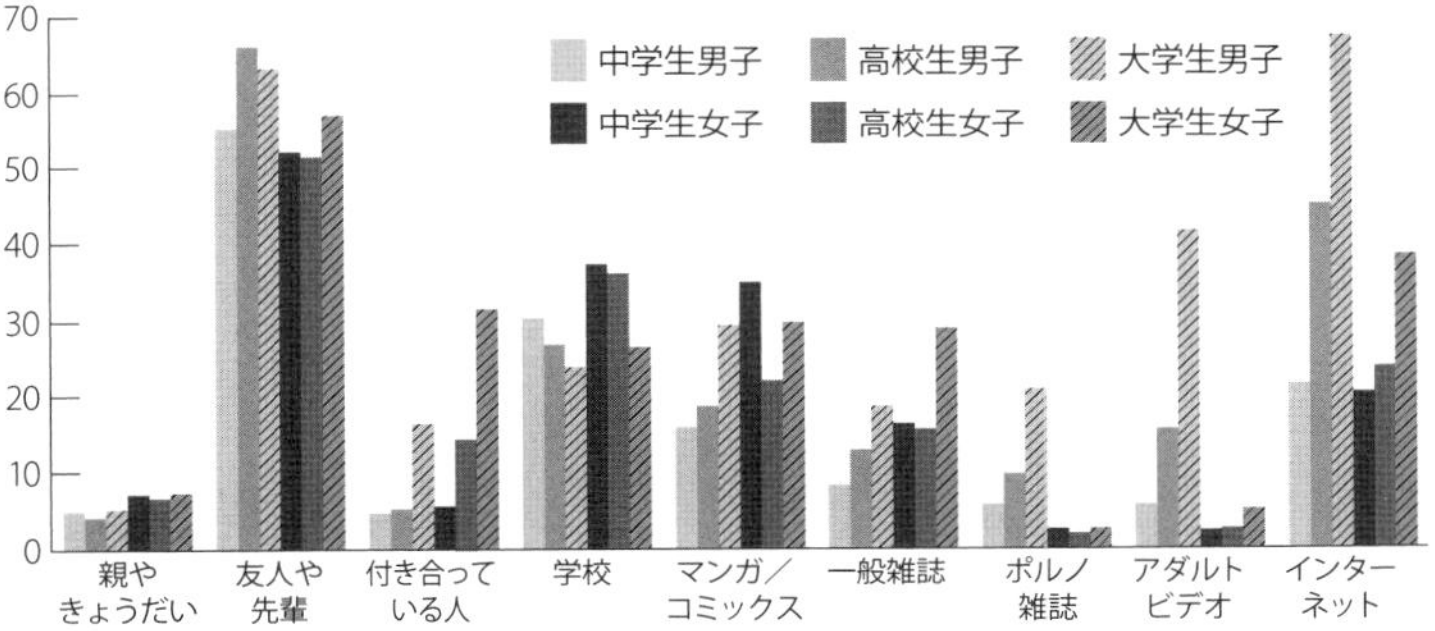

資料：日本性教育協会編「『若者の性』白書　第７回 青少年の性行動全国調査報告」（小学館　2013）

アダルト動画の内容は、性商業です。いかに刺激的に、いかに衝撃的にと、非日常を作りあげている商品です。「愛があふれる日常的で静かなセックス」は、商品として適さないのですから。

そのなかには、女性だったら屈辱的に感じる内容や、暴力行為を含むものも存在しています。レイプや痴漢といった犯罪行為をあえて演出した商品もたくさんあります。

小・中学生がこのようなアダルト動画を見て、「これがふつうだ」と思ってしまうとしたら、まさに恐怖ですよね。

アダルト動画はコソコソ見ないで

アダルト情報から子どもたちを守るためには、「見せないためのフィルターが重要だ」という考え方が一般的です。

しかし、そもそも子どもは知的好奇心の塊です。

大人が隠そうとすればするほど「見たい！」という欲求を叶えるためにアイデアをひねりだすことでしょう。

そもそも「大人の発想を超える行動」「大人が思いつきもしなかった行動」をとることで、社会は発展発達していくのですから。

わたしはなにも、「アダルト情報を見せないための物理的フィルター」を否定しているわけではありません。もちろん、物理的フィルターは必要です。

しかし、これだけ情報があふれている現代、「フィルターをかけていても、何らかの手段で見てしまう可能性があることを想定したほうがよい」と言いたいのです。

もしも子どもが、こっそりと隠れながらアダルト動画を見て激しく衝撃を受けたとします。しかし、「見てはいけないものを見てしまった」以上、だれかに話して相談することはできないでしょう。

「びっくりしたけれど、大人になったらあんなことをするのがふつうなのかもしれない」と、ひとりで悶々《もんもん》と悩みつづけるかもしれません。

泌尿器科医の岩室紳也《いわむろしんや》さんは、日本思春期学会の講演で「初めてアダルトビデオを観るときは何人かといっしょに観たほうがよい」と話していました。

そして、「びっくりしたね」「気持ち悪かったね」「ありえないよね」と感想を口にしながら気持ちを共有することが大事なのだと。

「気持ち悪かった」「女の人が嫌がっていてかわいそうだった」という気持ちを共有すれば、「そう感じた自分がおかしいわけではない」と安心もすることでしょう。

そもそもキスやセックスといった性的行為は「コミュニケーション」で、相手が嫌がることをむりやり行うのは「暴力」なのですから。

男の子でも女の子でも、「性的行為に興味がある」「アダルト動画が見たい」ということ自体は、悪いことではありません。

「見たらダメ」「見たら悪い子」という関わり方をいつまでもしていると、コソコソと親にわからないように見ようとしてしまうことも考えられます。「アダルト動画は、友だちといっしょに見たあとに、マスターベーション目的でひとりだけで見る」というつきあいのほうが、いまの時代には現実的かもしれません。

つまり、性的な情報には、「人と人とのコミュニケーションを必ず介在させることが大切」なのですね。

性商業の情報があふれ、さらに簡単にアクセスできてしまう現代においては、「物理的なフィルターをかけていれば大丈夫」という考えから、さらに進化した対応が求められているのではないでしょうか。

このあとの章では、物理的なフィルターだけでなく、「心のフィルターをかける大切さ」について考えていきます。

ゆむいʼs Eye
性教育の国際基準
9〜12歳
コンドームを使用しないと
性感染症のリスクが
上がる、と伝える
5〜8歳
卵子と精子の結合で
赤ちゃんができる
と伝える
えーーッッ!!
すご！
かなり進んでますね！
フィンランドでは
13歳から15歳で114時間も
性教育を学ぶんですよ！
日本は
性教育後進国なのか…
落差に衝撃！

しかも
正しい性の知識を
知らないと
性犯罪の
加害者にも
被害者にも
なりうる
というのは
親として
ものすごーく
心配なことです
女の子って
胸を触られると
気持ちよくて
うれしいんでしょ？
善意
間違った情報しか
得られなかった子どもは
罪とわからず
性犯罪をおかしてしまう
悪い大人に
言いくるめられ
みーんな
通る道なんだよ
好きだから
やってあげてるのに！
わかった…
自分が
性被害にあっている
という認識すら
もてない場合もある
なんて
かなしい
ことなんだ…

禁止と脅しの弊害
わたしが中学生のころに友達に相談されたこととドンピシャでした
口でだけなら処女って言えるよね？
ねぇどう思う!?
1回にカウントしないよね？
………セーフじゃね？
ビシッ
いやそうじゃないっ！
現在からのツッコミ
清廉潔白な処女をキープすることが「正しいこと」なのでもなく
口ですれば妊娠しないとかでもなく
性感染症のリスクから自分の身を守らなければいけないんだ…ということ
防

これ
確かに中学の時点では
だれも教えて
くれなかったです
だけど中学生の時点で
性行為の経験が
ある人は少なからず
いました
あのころの大人は
まさか中学生で
性行為なんか
するわけない
まだ教えなくても
問題ないと
認識していたのかも
しれません
子ども同士で
情報交換
するしかなかった
あの状況
ゾゾッ
うわさ話
いま思うと
恐ろしく危険なこと
だったんですね

そしてわたしが
ハッとしたこと
避妊具には
コンドーム以外に
低用量ピル
IUD／IUSがある
ということは
知っていたんですが…
それが
女性が主体的に
避妊を選択する権利
である
ということまでは
考えがおよんで
いなかったです
そうですよね
妊娠するのは
女である
自分なんですもん
男性側にお願いして
避妊してもらう
…ではなく
え～
女性が主体的に
避妊をすることを
「当然の権利」として
行使していいんですよね

再び挑戦！｜大人向け性の知識○×クイズ………❷

巷には多くの性情報が流れていて、そのなかにはガセネタもたくさん。
ここで、「大人向け性の知識○×クイズ」の2回目にチャレンジしてみましょう！

問題

次の内容は、○でしょうか、×でしょうか。

① 子宮頸《けい》がんワクチンを受けられるのは女性だけである。
② 日本人は避妊法としてコンドームを選ぶが、それは海外でも同じである。
③ 異性の部屋に泊まるということは、セックスOKという意味である。
④ 勃起・射精ができるのであれば、セックスでも射精ができる。
⑤ 国際的に見て、日本は男女平等な国である。

解答欄	
①	
②	
③	
④	
⑤	

解答・解説

正解は、今度も全問×！

さっそく、答え合わせをしていきましょう。

① ×
子宮頸がんワクチンは、男性でも受けられます！

もちろん、男性は子宮がんにはなりません。

しかし実は、子宮頸がんの原因となるHPV（ヒトパピローマウイルス）には男性も感染します。女性にとっては性的なパートナーがたったひとりだけだとしても、その男性がウイルスをもっていれば感染しますし、がんになることもあります。

HPVワクチンは肛門《こうもん》がんや陰茎がんにも効果があるため、男の子に受けさせる保護者さんも増えてきました。男の子がワクチンを受けておくことで、将来女性への感染も予防できます。詳しくは医師にご相談くださいね。

② ✕
日本では「避妊＝コンドーム」のイメージが強いですが、海外では、コンドームは性病予防具という認識のほうが強いようです。


世界にはコンドーム以外の選択肢がこんなにたくさん。

避妊注射、避妊インプラント、避妊リング、殺精子剤、避妊シール……。

コンドームは男性主導なので、女性の意思で避妊ができるピルやＩＵＤ／ＩＵＳが日本でも広まりつつあります。

まだ日本で認可されていない避妊法もありますが、将来は女性側の選択肢が広がることを願っています。

③ ×
「異性の部屋に泊まる＝セックスＯＫ」ではありません。

ちょっと意地悪なクイズだったでしょうか。

男性の部屋に泊まったからといって、「セックスＯＫ」と同意したことにはならないのですが、そのように考えている男性はまだまだいるようですね。

みなさんは、「性的同意（セクシャル・コンセント）」という言葉を知っていますか？

性的同意とは、「性的行為はかならずお互いの意思を尊重し、同意したうえでなければならず、それがない場合は強姦《ごうかん》や性的暴行、セクハラだと見なされる」という意味です。

つまり、「イヤよイヤよも好きのうち」なんていう理論は存在せず、お互いの意思を尊重することがとても重要なんですね。

④✕ 勃起・射精ができても、セックスで射精ができるとは限りません。

「膣内射精障害」といって、オナニーでは射精できるけれど、セックスでは射精できないこともあるのです。その原因は、オナニーのやり方が不適切だから。

床など硬い場所を利用した強い刺激のオナニーをくり返していると、柔らかい膣内で射精ができなくなることがあります。

「膣内射精障害」対策グッズもありますが、回復するには時間がかかります。

射精道　思春期編

一、オナニーを基本とする。
二、セックスは心技体が伴うまで行うべからず。
三、他人に迷惑をかけるべからず。
四、一人になれる空間を確保すべし。
五、勃起した陰茎を軽く握り、亀頭部を刺激するようにしごくべし。
六、汚い手で行うべからず。
七、陰茎を布団や壁にこすりつけるオナニー（床オナ）は禁止。
八、必ず勃起した状態で射精すべし。
九、少し我慢してから射精すべし。
十、出てくる精液はティッシュで受け止めるべし。
十一、オナニーは一日に何回してもよし。
十二、気持ちのいいオナニーを追求すべし。
十三、射精を自在にコントロールできるようになることを目標とすべし。
十四、強い刺激のネタばかりを続けるべからず。
十五、時々、空想オナニーを行うべし。
十六、セックスしたいと思っても、まずオナニーすべし。（冷静になれる）

※泌尿器科医の今井伸《いまいしん》さん作成

わが子が不適切なオナニーを覚えないように、泌尿器科医による、まじめな「射精道」を紹介しますね（前ページ参照）。

⑤ ×
世界のなかを見ると、日本はまだまだ男女不平等な国です。

生活するうえで男女が平等だと感じる日本ですが、ジェンダー・ギャップ指数（男女格差を測る指数）において、日本はなんと153か国中121位という驚く低さです（2019年世界経済フォーラム調べ）。

「経済」「教育」「健康」「政治」それぞれの分野において、男女が平等とはいないのです。医学部の入学試験で男子が女子より優遇されていたニュースも記憶に新しいですし、結婚で名字が変わるのは女性が96%というのも男女が平等とはいえない証しではないでしょうか。

子どもたちが将来、性別で差別を感じる未来にはしたくありませんよね。

「外見は男性だけれど心は女性」もしくは「外見は女性だけれど心は男性」のようにからだと心の性が一致しない人もいます。

これからの未来は、「男性だから」「女性だから」ではなく、「ひとりの人間として」尊重されるようになってほしいと強く願います。

第4章

子どもが聞きたいことと親が伝えたいこと

「家庭で伝えるいのちと性」実践編

どんな子も自分のルーツを知りたい

子どもはみな、「いのちの誕生」のお話が大好きです。そして、自分のルーツを知りたい欲求は、大人になっても同じです。

『ドラえもん』のお話のなかに「僕の生まれた日」という作品があります。野比のび太がタイムマシンで10年前に行くストーリーで、２００２年に映画化もされ、大ヒットしました。

のび太のパパが動転しながら病院に駆けつけるシーンや、のび太をうれしそうに見つめるシーン、「のびのび大きく育ってほしい」と願いを込めながらパパとママが命名するシーンを見て、胸がいっぱいになった人も多いはずです。

「もしタイムマシンがあったなら、自分が生まれた日を見てみたい」

だれもがそう願うのではないでしょうか。
自分が生まれたときに、両親はどんな顔をしてくれたのかを見てみたい。
どんな言葉をかけてくれたのか、どんな願いを込めて名前を付けてくれたのか……。

しかし、子どもが「どんなふうに生まれたの？」と尋ねてきたときに、わたしたち親世代は「ちゃんと説明しなくてはいけない」と感じるあまり、次のような答え方をしてしまう傾向があります。つい言ってしまうＮＧな伝え方を、タイプ別にいくつか紹介しますね。

「どんなふうに生まれたの？」のＮＧ回答あるある

▼あるあるその①「お産レポート」タイプ

陣痛が始まったのが何時何分で、病院に行ったのが何時何分で、分娩室《ぶんべん》に入ったのが何時何分。破水して、出血して、吸引分娩になって……。具体的な出産の流れをこところまかに伝えるレポートタイプ。

▼あるあるその② 「武勇伝」タイプ

「陣痛はとっても痛かったんだよ」「帝王切開でおなかを切ったんだよ」「こんなにがんばって産んだんだよ」のように、どれほどたいへんだったかを語る武勇伝タイプ。

▼あるあるその③ 「いのちの危機」タイプ

たいへんなお産を経験したお母さんが、「生まれるときに出血が多くて死にかけた」「意識を失った」「救急車で大きな病院へ運ばれた」のように、出産がいのちがけだったと伝えるタイプ。

さて、これら①から③は、「親が伝えたいこと」、「子どもが聞きたいこと」のどちらでしょうか。

わたしは、「子どもが聞きたいこと」ではないと思います。

『ドラえもん』の「僕の生まれた日」では、出産シーンは描かれていません。陣痛に何時間かかったのか、帝王切開だったのか、出血は多かったかなどの情報は、オールカットされているのです。

大好きなお母さんがたいへんだった話は聞きたくない

そもそも子どもは、「陣痛は痛い」という情報すら知りません。

「どうやって、どこから、どんなふうに赤ちゃんが生まれてくるんだろう」と、素朴な疑問からはじまります。

その疑問をもったときに、大好きなお母さんの「たいへんだった」という話を聞くことは、子どもにとってはつらい体験なんですね。

わたしは小・中学生、高校生へ「いのちの授業」を伝えるときに、生まれたての赤ちゃんを優しい笑顔で見つめるお母さんの写真を見せています。

「みんなにも、生まれたときに、大事に抱っこされた日があったんだよ」

「お父さんとお母さんは、しあわせな未来を願って名前を付けてくれたね……」

そう伝えています。

そんな「いのちの授業」を受けた小学6年生の男の子の感想文を読んで、ハッとしたことがありました。

「ぼくのお母さんは、ぼくをうむときに死にかけました。出血たりょうでゆけつしました。ずっと、『ぼくが生まれるときにお母さんをころしかけてしまってごめんなさい』と思っていました。でも今日のじゅぎょうで、ぼくが生まれたときにお母さんがうれしかったのだとわかって安心しました」

この小学生のお母さんは、実際にとてもたいへんなお産だったのでしょう。

出血が多量で輸血し、生死に関わる体験だったと話したのは、「いのちがけで大切に産んだと伝えたいから」であり、「とーってもたいへんだったけれど、元気に生まれてくれてよかったと伝えたいから」であることは間違いないはずです。

しかし、「たいへんだった、つらかった」というメッセージが強調されてしまうことで、「大好きなお母さんを苦しめてしまった！　どうしよう」と心配させてしまうリスクもあるのです。だって、大好きな大好きなお母さんなのですから。

この本を読みながら、「しまった！　すでにたいへんだったという武勇伝で話してしまった！」とドキドキしているお母さんがいるかもしれません。

大丈夫です。ご安心くださいね。

いまからでも伝えなおしていける具体的な方法をどんどんご紹介していきます。

いのちの誕生をワクワク伝えたい

先に述べたとおり、「僕の生まれた日」では、出産シーンは登場しません。子どもが見て、ワクワクうれしくなるシーンだけが描かれています。

このように、「どうやって生まれたの？」という質問に対して、子どもがワクワクする表現で答えてあげたいですよね？　たとえば、こんなふうに。

「かわいい赤ちゃんだろうねって、楽しみだなーって思いながら産んだんだよ」
「陣痛が始まって、もうすぐ会えるって思ったらうれしくてたまらなかったよ」
「看護師さんとお医者さんが、元気がいい子だねってほめてくれたんだよ」

いろんな人物を登場させて、たくさんの人が楽しみにしていたと強調して伝えるのです。

「痛かった？」と聞かれたら、こう答えるのはいかがでしょうか。
「うん、痛かったよ。でもね、うれしくてうれしくて、痛かったことなんてすぐに忘れちゃった」と。

もし、すでに「たいへんだった武勇伝」のお産体験を伝えてしまっている場合は、誕生日などの節目にこう話すのはいかがでしょうか。

「ママね、いままでずっとお産がたいへんだったよって話していたんだけれど、よーく考えたら大事なことを思い出したの。それはね、とってもたいへんだったけれど、その100倍以上しあわせだったってこと。ママの人生であんなにしあわせな瞬間はなかったなあって思い出したんだ」

とにかく、うれしかったこと、楽しみにしていたこと、ワクワクすることだけをたくさん伝えましょう。子どもが聞きたいのは、詳細なレポートや武勇伝よりもワクワクするお話なのですから。

直井流「ワクワクする言葉への変換」マジック

読者のなかには、「そうはいっても、わたしのお産にはいい記憶がない」「最悪な出産体験だった」というお母さんもいるのではないでしょうか。

あまりにつらい体験だったために、ご自身の心の傷が癒えていないこともあるかもしれません。

たとえば、想定していた出産経過ではなかった、陣痛のときにひとりぼっちにされた、緊急の帝王切開になった、まわりの人から心無い言葉をかけられた、赤ちゃんが保育器に入ってすぐに抱っこができなかった……などのように。

「いのちの誕生」という一大事には、母と子のどちらにもいのちの危険がはらんでいるのは事実です。

わたしは助産師なので、たくさんのお母さんの体験談を聞く機会があります。なかには、出産体験でつらかった感情が置いてきぼりのまま、何年もたっているお母さんもいます。

つらかった出産体験を子どもに伝えて、かなしい気持ちになってほしくない。「どうしたら、子どもが聞いてワクワクする表現になるだろうか」を考えて編みだしてきた、直井流・言葉の変換マジックをご紹介します。

・陣痛の途中で赤ちゃんが苦しがり、想定外の帝王切開になってしまった。

⬇「お産の途中で、お医者さんが、『この子は特別にがんばっているから、応援団を増やそう！』って言ってくれたの。そして、大きなお部屋に移動したんだよ。そこに行ったらね、お医者さんや看護師さんが大勢いて、みんなに『がんばれ！　がんばれ！』って応援してもらいながら生まれてきたんだよ。大勢に応援してもらえて、ママとってもうれしかったな」

・早産のために低体重で生まれた。
⬇「パパとママが『早く会いたいね』って言いすぎちゃったから、本当に早く生まれてきてくれたんだね。お医者さんも『早く生まれたのは、パパとママに抱っこしてもらいたかったんですね』ってびっくりしてたよ。生まれる前からパパとママの言うことをちゃんと聞いてくれてありがとう。パパとママが呼んだから、急がせちゃったね」

・治療で保育器に入っていた。
⬇「生まれてすぐに、お医者さんが『こんなかわいい子は珍しい！』って言ってくれたんだよ。あまりにもかわいいから病院の箱入り息子(ｏｒ箱入り娘)にしたいって、病院にある特別な箱に入れてもらっていたの。毎日毎日いろんな看護師さんが抱っこしてくれて、みんなから『この子は特別かわいいねぇ』ってかわいがられていたんだよ」

いかがでしょうか？

ワクワクする言葉に変換すると、印象が変わりますよね。

医学的な真実をそのまま伝えるよりも、子どもが聞いたときにしあわせな気持ちになる言い方を心がけて、不安だった、心配した、こわかった……というネガティブな表現を極力控えたいのです。

話を聞いた子どもが、「自分は特別にかわいがられたんだ」と思うことは、生きるうえでの自信につながります。

「大切に迎えられたこと」を、子ども自身が感じられるような表現で、ていねいに伝えてあげたいですね。

なるほど!! 子どもが聞く
わたしは ぼくは どんなふうに生まれたの?
という 質問の本筋は
自分のルーツを知りたい ということなんですね
そう
コツは つらい思いをした武勇伝や生々しい話ではなく
ワクワク うれしくなるような シーンを伝えることです
「点ではなく線で伝える」
に通じますね

ゆむいさんだったら みつくんに どんなエピソードを 語ってあげたいですか？
そうですね…

お父さんとは 好きなバンドの ライブで 知り合って 仲よくなってね
それから…
ねぇ今年 うちらの誕生日 ふたりとも大安だよ！
1月
今年結婚しよう！
えっ
MTH
葉酸 サプリ
早く子ども 欲しいな～
安産祈願の お守り 買ってきたよ～！
安産
また!? これで10個目だよ!?

1個あればいいのに面白いね
ストーリーでたどれば馴れ初めから産後までエピソードがスラスラ出てきますね
それでいいんです
子どもが知りたいのは子どもの作り方というレシピや誕生の瞬間のレポートよりもいかにあなたは大切に迎えられたかということ
このときのポイントは聞いている子どもがワクワクする伝え方なんです
いかにあなたは愛されているか
というエピソードなんですね!

第5章

心にフィルターをかけるということ

「家庭で伝えるいのちと性」実践編

生々しい内容を家庭で話さないで

小学校で保護者向けの講演会をしたあとに、ある男の子のお母さんがこう話しかけてきました。

「わが家では性教育をしていますよ。ちゃんと伝えたいので、生ぬるい内容ではありません」

「ちんちんが大きくなって膣に入れると子どもができるって教えているし、パパとママは今もセックスをしていると話しています。だって、家庭に秘密があるのはよくないので」

「男の人は女の人のはだかを見ると興奮することも教えました」

「家庭でも積極的に性教育をしたほうがいい」と、熱く語ってくれたのですが、聞いているわたしはヒヤヒヤしていました。だって、生々しすぎる……。

この本を手に取ってくれているみなさんは、「わが子にちゃんと性教育がしたい」「性教育は大事」と思ってくれていることでしょう。

しかし、「ちゃんと伝えること」と、「生々しく伝えること」はまったく別ものです。

どれだけ仲のよい友人でも、セックスについて具体的に語りあうことはあまりありません。性教育を伝えている医師や助産師でもそれは同じです。

「正しい性の知識をもつことは大切」「適切な時期に性教育をするのは大切」ということと、個人的な性の体験をあけっぴろげに話すこととはイコールではないのです。

「セックスってなあに？」と聞かれたら

性教育の入り口である「いのちの誕生」のお話は、「性行為から妊娠」をイメージする年齢になる前のほうが理想的です。

「セックスしたら妊娠する」という情報を得てからだと、「妊娠したということは、つまり……」という、あらぬ想像がモヤモヤと膨らんでしまいますよね。

「いのちの誕生は人智《じんち》を超えたすごいこと」であり、「いのちの誕生はワクワクすること」、そして「自分が生まれたときに家族全員が大よろこびしてくれた」というポジティブな情報をあふれるほど注ぎつづけたあとに、「性行為」を具体的に知るという流れが理想です。

子どもから、ある日突然、「ねえねえ、セックスってなあに？」と聞いてくるかもしれません。そのときの対応について、子どもの年齢で考えてみます。

子どもの年齢が、第二次性徴前（およそ小学校3年生以下）であれば「セックスしたから妊娠した」と連想する可能性はまだ低い時期です。

まだ5歳前の子どもであれば、こんな答え方はいかがでしょうか。

「おおっ！　英語知ってるんだね。頭がいいね」

「小学生になると、学校の授業で習うらしいよ」

一方、およそ5歳以上の年齢であれば、上記の対応に加えて、性教育の本を読み聞かせるのはいかがでしょうか（おすすめ書籍を187ページにまとめました）。

このときのポイントは、「大切なことだから」という毅然《きぜん》とした態度です。もしも自信がなければ、「大切なことだから、パパがいるときに本を読もうね」と、少し考える時間をつくってからでもいいでしょう。

くり返しますが、この年齢は子ども自身がまだ「セックスしたから妊娠した」とは想像していない時期です。具体的に「セックスで妊娠する」という知識を得る前だからこそ、家庭で伝えておきたいことがたくさんあります。

まずはポジティブな情報をあふれるほど注ぎつづけたうえで、「性行為」を具体的に知る流れが理想なのです。

心にフィルターをかければ最強

わたしは講演会で、「心にフィルターをかける」と提唱しています。

どういうことかというと、ズバリ言葉そのまま、情報を自らジャッジできる力をつけることです。

性的なことで考えると、前にも述べたとおり、世間には性暴力や性商業の情報が蔓延しています。子どもたちが思春期になり性的な情報に関心をもつ時期になれば、男の子も女の子もアダルト動画を見る可能性があるでしょう。

「見せたくないから」「間違って見てしまわないように」と、スマホやＰＣにフィルターをかけることも重要です。

しかし、物理的なフィルターをかけたとしても安心できません。

子どもの知的好奇心は、物理的なフィルターをいとも簡単に超えていくからです。

つまり、いくら親が制限しても、物理的なフィルターは破られてしまう可能性があると思っておいたほうがよいということなのですね。

だから、物理的なフィルターだけではなく、心にもフィルターをかけておきたい。

「心のフィルター」をわかりやすく説明するために、「死」を例にしてみますね。

テレビでは連日のように「殺人」「死体遺棄」というこわいニュースが報道されています。ドラマや小説には殺人シーンがあり、血が飛び散るシーンが出てくることもあります。

しかし、わたしたちが日常生活で「殺人事件」と関わることはありません。「ムカつくから殺してきたよ」とか、「気に入らないことがあったら殺せばいい」と言う人に出会うことも、ふつうはありません。

なぜでしょうか。

これは「殺人」行為は非現実的であり、「わたしたちとは違う世界のできごと」「ごく一部のこわい人たちのできごと」だと脳が認識できているからではないでしょうか。

テレビドラマで殺人シーンを見たとしても、「これは作りもので、実際には死んでいない」ということを、当然のように脳が判断しています。

子どもの番組も同じです。「名探偵コナン」では毎週だれかが殺されて、その犯人を推理しますが、日常生活のなかでは殺人事件を推理することはありません。

わたしたちは、幼いころから「いのちは大切だ」ということを、ごく当然のこととして教えられて育ちました。

小動物や昆虫のいのちも大切なので、小さな虫も「簡単に殺したらいけない」と教わりました。

祖父母など身近な人のお葬式では、「死んだら生き返らない」「多くの人がかなしむ」ことを体験して育ちました。

疑うことなく、絶対的に「いのちは大切」だと知っています。

アダルト動画はフィクションと判断できる

そのため、ドラマで殺人シーンを見ても「これは本当のことではない、フィクションだ」と脳が迷うことなく認識できるのです。

これが、「心にフィルターがかかっている」ということです。

性的な情報におきかえても、同じように考えられるようになったらいいなぁと思うのです。

アダルト動画のなかで見るセックスはあくまでもフィクションであり、現実とはかけ離れていると脳が判断できるようになってほしい。

セックスとは妊娠する可能性がある行為で、妊娠とは家族が笑顔になるすばらしいこと。だから、アダルト動画のなかのセックスは現実のセックスとは違う。アダルト動画のセックスは作りものなんだ……というように。

「レイプ」や「痴漢」も、アダルト動画のなかで見ることがあっても、これは現実にはありえないことだし、あってはならないこと。

このように、アダルト動画のなかのセックスは作りものであって、現実ではありえないことだと認識できることが「心のフィルターがかかっている」状態なのですね。

PCやスマホの物理的なフィルターは突破することができても、心のフィルターを破ることはできません。

そんな心のフィルターをかけられるのは、いのちの誕生から成長までを見守りつづ

けている家族やまわりの大人だけなのです。

「女の子は妊娠するからだのもちぬし」であり「妊娠するからだは尊い」と、認識できる心のフィルターがかかってほしいのです。

「ナンパのお持ち帰り」や「やり逃げ」と軽く言う男の子や、「出会ってすぐにセックス」をする女の子に育ってほしいと願う親はいないのですから。

「エッチした場所は全部トイレだった」

さらに、「自分のいのちが誕生したときに、まわりの人がよろこんだ」「自分の成長は楽しみにされている」と思うことで、「だれかを傷つけ、かなしませるような行動はやめよう」と考える、心のブレーキがかかります。

「自分は愛されている」「自分は価値ある存在だ」と自信がもてるとともに、「もしもよくないことをしたらかなしむ人がいる」と思うことは、ムチャな行動のブレーキにもつながります。

わたしは、中学・高校で講演したあとに、控え室で個人的に話を聞くことがあります。いろんな生徒に会いますが、なかでも忘れられない女の子のことを紹介します。

ひとりめは、定時制高校に通う17歳の女の子でした。その子は、わたしの目を見るなりこう言いました。

「わたしは安い女なんで」

聞けば、肉体関係をもった男性は30人以上いて、そのなかにカレシと呼べる男性はゼロ。セフレ、援助交際、ナンパなどによる関係性で、連絡先すら知らない人もいるそうです。

話をしていると、「わたし、ブスだから」「バカ校生って親に言われてる」「ロクな人生を生きられない」と、自虐的な言葉ばかりがとびだしてくるのです。

また、中学3年生のこんな女の子もいました。

「エッチした場所は全部トイレ」

この女の子も、10人以上と肉体関係をもったことがあるものの、カレシと呼べる存在はいないのだそうです。「求められればその場ですぐ」とばかりに、性行為は学校や公園のトイレでくり返している……。

この子たちに共通しているのは、

「エッチがしたいわけじゃない。だけど、エッチをするって言えば『かわいいね』『大好きだよ』って言ってもらえる」

「男の人から『(セックスを)させて』って言われて『いいよ』って言うと、みんなやさしくしてくれる。やさしくしてほしいから、『いいよ』って言っちゃう」

つまり、この女の子たちにとって、セックスが愛情を感じる手段なのですね。

当然、この愛情は、かりそめです。

「かわいいね」「大好きだよ」という男性の言葉に誠実な意味合いがあるはずもなく、ただの誘い文句に過ぎません。

それでも、この女子生徒たちは求めていました。ひとときだけでも「愛しているよ」と言われたい……と。

親やまわりの大人から、「バカ」「バカ校生」「ブス」と否定されるのに慣れていることがさびしすぎます。講演会の講師であるわたしの控え室に、「わたしは安い女なんです」とわざわざ言いに来た17歳の心情を思うと、切なくて涙が出ました。

この女の子たちに、「あなたは安い女なんかじゃない」「あなたはステキな女性」「わたしは話ができてうれしい」と伝えたときの、はにかんだかわいい表情が忘れられません。

思春期になっても愛していることを伝えつづける

わたしたちにはだれでも、認められたい欲求があります。

仲間がほしい、守られたい、大事にしてほしい、愛されたい。

だれもがそう望んでいます。

しかしときに、勉強やスポーツや外見などで、ランクづけをされて自信をなくすこともあります。そんなときの心の支えとなるのは、「自分は愛されている」「自分の成長や未来を楽しみにされている」といった、「自分は絶対的に肯定されている確信」ではないでしょうか。

わたしは、自分に自信をもてずに心が空腹でガサガサしている少年少女ほど、「性」を武器にする傾向があるように感じています。

性的な誘いを受けて、「自分が求められている」「自分が必要とされている」ことがうれしくなり、求められるままに肉体関係をもってしまう。その先にある性感染症や望まぬ妊娠にまで想像がおよばないのです。

幼い子どもであれば、さびしければ抱っこをしてもらえます。心細いときには、大人にしがみつき、夜は添い寝をしてもらうこともできるでしょう。

しかし、思春期になればなればそうはいきません。

心細くてだれかにそばにいてほしい。でも親は忙しく、帰っても食事の準備がない、自分に無関心、ひとりぼっちでさびしい……。

そんなときに「愛しているよ」「あなたが必要」と言われて、吸い寄せられてしまうのは、心が空腹でガサガサしているから。
　まさに「溺れる者は藁《わら》をもつかむ」ような気持ちなのですね。

「あなたの未来を楽しみにしている」「あなたのことを気にかけている」「あなたを心の底から大事に思っている」

**　そんな言葉を思春期になってもずっと伝えつづけたい。こう言われてかなしい気持ちになる子は絶対にいませんから。**

「セックスしたらダメだよ」「性病になったらこわいよ」と禁止と脅しを伝えるのは心配しているから。でもせっかく伝えるなら、否定的な表現より肯定的な表現で伝えたいですよね。
「未来が楽しみだね」「大切だから守ってね」と。

じっくりと「心にフィルターをかける」

では、「心にフィルターをかける」ためには、どうしたらいいのでしょうか。

子どもがしあわせになり、自己肯定感が上がり、ワクワクするには、どのように伝えたらいいのでしょうか。


心にフィルターをかけることは、短時間ではできません。

「あなたが大切」という具体的なエピソードを、何度もくり返しくり返し、まるでシャワーのように浴びつづけることで身についていくからです。


たとえば、妊娠中のエピソードとして、いのちの誕生を楽しみにしていたときの気持ちをこんな言葉で伝えるのはいかがでしょうか。


「おなかのなかにいるときにね。元気にポコポコ動いていたから、ポコちゃんって呼んでたんだよ」

「パパがね、毎日『パパでちゅよー』って話しかけていたんだよ。おもしろいね」

「おじいちゃんやおばあちゃんに会うと、ふたり分食べなさいって言われるから、いつもおなかがいっぱいだったんだよ」

このように、おなかのなかにいたときから、まわりの人がよろこび、大切に守ってくれていた話を聞いて、うれしく思わない子はいません。

そして、「生まれてきてくれてありがとう」「初めて会えた瞬間はうれしかった」……このことは、ぜひ言葉にして伝えたい。

もしも、「いいえ、わたしは難産だったので、初めて会ったときは疲れきっていました」というお母さんでも、「いのちが誕生した」という壮大なよろこびが変わるわけではないですよね。

元気に生まれたことに感謝し、いのちを迎えてよろこんだ日のことを伝えましょう。「生まれてきてくれてありがとう」「会えたときはうれしかったよ」と。

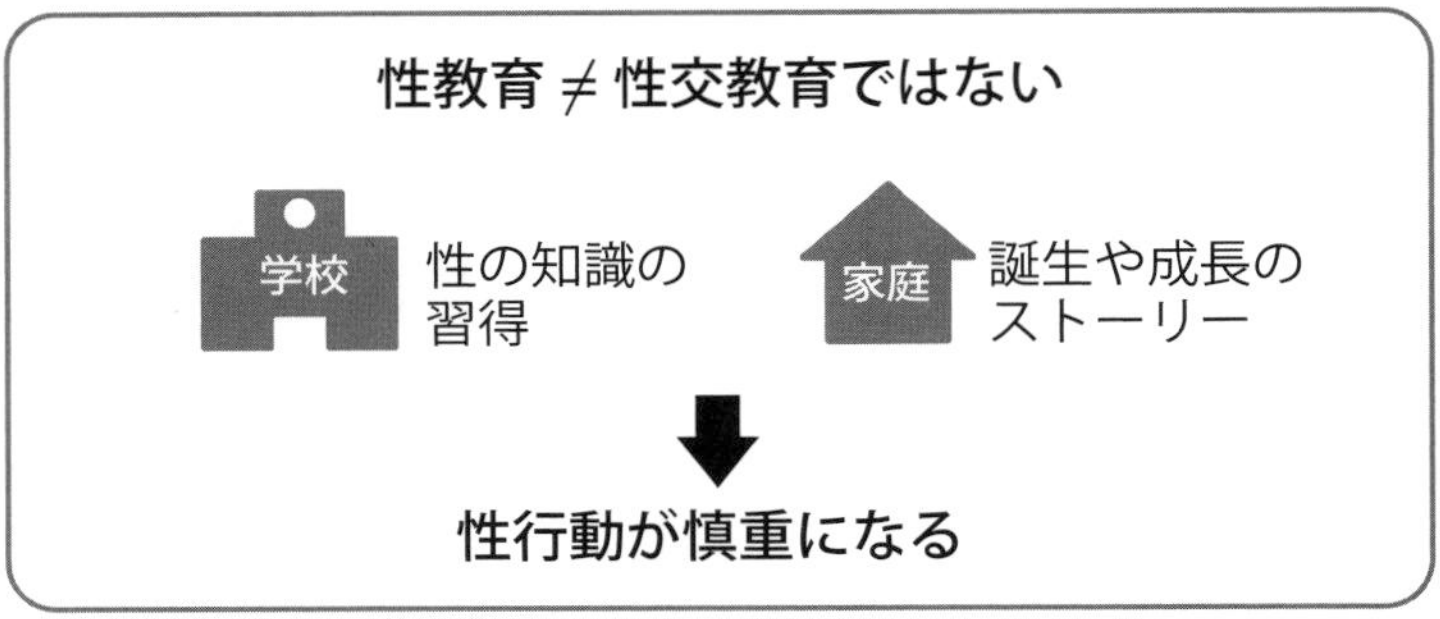

くり返しになりますが、子どもは、自分が生まれたときの家族のエピソードが大好きです。

いのちの誕生のエピソードは、それぞれの家庭によって絶対に違います。学校では教えてもらうことができない、尊いいのちの誕生秘話なのです。

学校の先生が知らない話ができるのは家庭だけ

いのちの誕生秘話には、学校の先生が知らないことがいっぱい含まれます。

「学校で学ぶ性教育」と、「家庭でしか伝えられない性教育」の違いは、この点だとわたしは考えています。

「生まれた日は桜がきれいに咲いていてね。桜に祝ってもらっているようだったんだよ」

「雪が降っていて、病院に行けるか心配したんだよ。あれから雪が降るたびに思い出すんだ」

「初めて産声を聞いたときに、まるで天使がうたっているんじゃないかと思ったよ」

「新生児室にたくさん赤ちゃんが寝ているのを見て、『うちの子がダントツかわいいね』って、小さい声でパパが言ったんだよ」

「夜中なのに、おじいちゃんとおばあちゃんが急いで駆けつけてきてくれたんだよ」

エピソードは、全員に必ず、山ほどあります。絶対に。

その話を聞いた子どもたちは、どんな反応をするでしょうか。

「あのパパが、うれしいうれしいって泣いちゃったんだよー」

「えー！　パパが泣いたのー？」

「ママの人生で一番しあわせな日だったな」

「結婚式のときよりもしあわせだった？」

と、きっとうれしそうに質問してくることでしょう。


子どもは、このようなエピソードを聞くのが大好きです。

とにかくうれしかった、しあわせだった、生まれてきてくれてありがとう……。そんな話をたくさん伝えつづけることが、「家庭でしかできない性教育」なのです。


そのような話に出てくる登場人物は、多ければ多いほど話がはずみます。


「○○ちゃんがいると、まわりの大人がみんな笑ったんだよ」

「スーパーに行くと、いつもみんなが笑いかけてくれたよ」

「電車に乗ったら、高校生が『きゃーかわいい！』って言ってきたんだよ」

たとえ、話を大げさに盛ってでも、話してあげたい。

「寝顔をずっと見つめていたんだよ」
「初めて立った瞬間に、お友だちみんなで拍手したんだよ」
「１歳のお誕生日には盛大なパーティをしたんだよ。壁にリボン飾って、おじいちゃんとおばあちゃんに来てもらって、『一升餅』っていうお餅をかついだんだよ。重たいのを背負って歩いたから、『この子は元気な子だねー！』ってみんなで大笑いしたんだよ」

おっぱいやミルクを飲みすぎて吐いた日のこと、
ウンチをオムツから漏らして大騒ぎした日のこと、
初めて靴を履いて出かけた日のこと……。

そのときの登場人物、表情、部屋のようす、季節……。
具体的に、詳しく、リアルに情景を思い描けるように話すのがコツです。

このような話をしてもらうことで、子どもは「自分は長い時間をかけて大事に育てられたんだ」と確信し、自己肯定感が高まるのです。

「未来を楽しみにされている」という確信を贈る

そして、このようなエピソードの延長線上に、

「どんな大人になるのか楽しみだね」

「成人式を想像するだけでワクワクしちゃうね」

「生まれたときに、△△△な大人になってほしいと思って名前を付けたんだよ」

と未来へつなげて話していきたい。


家族のエピソードを聞いて、かなしい気持ちになる子は絶対にいません。

自分の誕生をよろこび、未来を楽しみにしてくれている親の思いを知ることは心の栄養となります。

それが「心のフィルターをかける」ということなのです。

もしも、養子縁組や再婚などで「子どもが誕生したときのエピソードを知らない」という場合は、出会ったその瞬間からのエピソードで充分です。

「初めて会ったときに、この子が一番かわいいって思ったよ」

「ジーッと見つめてくれて、運命を感じたよ！」

出会った時点から、あふれるほどのエピソードがあるはずです。

このように、話を聞いた子どもの脳内にイメージがぱっと浮かんでくるような話を伝え、心のフィルターをかけつづけたいですよね。

わが子のしあわせを願うのは、すべての親の祈りなのですから。

最後に、「アメリカインディアンの子育て四訓」を紹介します。

1. 乳児はしっかり肌を離すな
2. 幼児は肌を離せ、手を離すな
3. 少年は手を離せ、目を離すな
4. 青年は目を離せ、心を離すな

わたしが教訓にしている言葉です。

なるほど
物理的な
フィルターの他に
心のフィルター
をかけておくのか
情報
情報
情報
ろ過
うちの子たちも
タブレットを
巧みに使っています
えっ
そんな機能
あったの!?
すい〜
いずれ
物理的フィルターを
突破していく
可能性が…
見たい!!
知りたい!!
そのときに
これは
フィクションだ
と認識
できるかどうか
創作物
情報を
自らジャッジする
力を養う!
これ本当に
あらゆることで
大事な能力ですよね
本当
嘘

性に関する
「心のフィルター」を
かけられるのは
その子の成長を
見守りつづけている
家族や大人
だけなんです
わが子を
案ずるあまり
セックスしたら
ダメ！
禁止
性病になるよ！
脅し
と否定的に
伝えるよりも
わたしたちは
あなたを愛しているよ
成長や未来が
楽しみなんだ
と肯定的に
伝えましょう

だれかに絶対的に肯定されている確信は心の支えになって
自分やまわりの人を大切にすることにつながりそう…

シャワーを浴びるように愛されているエピソードをたくさん話して
心のフィルターを身につけてあげたいですね！
初めて会えた瞬間、とってもうれしかった
幸せになってほしくて一生懸命名前を考えたんだ！
生まれてきてくれてありがとう
大好きだよ
かわいい～♡
幸せな成長を見守っている人がいる
自分は愛されている価値ある存在だ
心の栄養
だれにも破られない心のフィルター

第6章

「家庭での性教育」あるあるQ&A

幼稚園・保育園・小学校・中学校の保護者のみなさんからよく質問されることについて、Q&A形式でまとめました。

子どもから「セックスしたの?」と聞かれました。どう答えたらいいですか?

Q 公園で遊んでいるときに、娘が突然「パパとママはセックスしたの?」と聞いてきました。びっくりして、「そんなこと言っちゃダメ!」とどなってしまいました。いっしょに遊んでいたお友だちから聞いて、意味もわからず口にしたようです。「ごめんなさい」とあやまってきた娘を見て、「悪いことをしたなぁ」と思いました。どう答えるのが正解だったのかわかりません。(5歳児のお母さん)

Q 家族で食事をしているときに、「パパとママはセックスしたの?」と息子が聞いてきました。明らかにこちらの反応を楽しんでいる様子で、わたしと夫の反応を見てニヤニヤしていました。夫がトイレに逃げたので、どう答えたらよいのか困ってしまい、「そんなこと知らなくてもいい!」と強く言ってしまいました。(小学6年生のお母さん)

A 子どもが「パパとママはセックスしたの？」と聞いてくる理由は、大きくふたつに分かれます。ひとつめは「言葉の意味を知らずに尋ねてきたとき」、ふたつめは「言葉の意味を知ったうえで大人の反応を楽しんでいるとき」です。

もしも、素朴な疑問で「セックスって何だろう？」と尋ねたときにどなられてしまったらびっくりしますよね。まだ性行為を想定していないであろう小学3年生までくらいの子どもであれば、「どこでその言葉を覚えたの？　英語を知っているなんてすごいね」や、「赤ちゃんが生まれるために必要なことだよ」とサラッと伝える程度で充分です。

一方で、すでに性行為をイメージしている子どもが、「セックスしたの？」と冷やかしで聞いてきたときには「したわよ」とサクッと答えればよいでしょう。

もし、さらに「何回したの？」とか「どうやって？」と冷やかしが続くようであれば、「大切なことだから、家族にも話すことではないのよ」と答えましょう。

ポイントは、親が毅然と答えることです。

「セックス」という言葉を口にしたときに、「親が怒りだす」「親が困ったような対応をする」「話をはぐらかされる」と子どもが覚えてしまえば、親に聞いたらいけないと記憶することでしょう。そして将来、性の悩みをもったときや想定外の妊娠をしたときに、「親には相談できない」「相談したら叱られる」と考えてしまうかもしれません。そうなったら残念ですよね。

これまでにも述べてきましたが、「セックス＝いやらしいこと」というイメージを植えつけているのは大人です。子どもは、「なにを言われたのか」よりも親の態度を見ています。とっさに、いい言葉が出てこなくても大丈夫です。「毅然とした態度」、これが大事なのです。

帝王切開をどう説明したらいいですか？

Q

わたしは帝王切開で出産しました。陣痛の途中で「赤ちゃんが苦しそう」と言われて、急に帝王切開になりました。もっとがんばったら下から産めたかもしれない、がんばりが足りなかったから帝王切開になってしまった……と、ずっと自分を責めています。義母からは「キツイ陣痛を経験していないからラクをした」と言われたこともあります。

息子が学校で「お産するときには陣痛がある」と教わる日が来たらなんて言えばいいのか、いまから心配しています。どうか心のもちようを教えてください。（5歳児のお母さん）

A

帝王切開で出産したのですね。よくがんばられましたね。

いまでは4人から5人にひとりが帝王切開で出産するようになり、決して珍しいことではなくなりました。

しかし世間では、「出産＝陣痛」「陣痛に耐えてこそ母親」というイメージをもっている人はまだまだ多いようです。

そもそも帝王切開はラクなお産でしょうか?

わたしは違うと思います。

帝王切開は、つまり「切腹」です。本当は自然に産みたかったのに、「おなかの赤ちゃんが苦しそう」とか、「骨盤が狭くて赤ちゃんが出にくい」とか、「逆子でも赤ちゃんが安全に生まれるように」と帝王切開を受け入れたんですよね?

つまり、自分のためではなくわが子のために切腹することを選んだわけです。

「がんばりが足りなかったから帝王切開になった」などという考えはバッサリ切り捨ててしまいましょう。

そして、5歳のお子さんへは、こんな伝え方はいかがでしょうか。

「○○くんが生まれてくるときは、広いお部屋のなかに応援団がたくさんいたんだよ。

お医者さんや看護師さんが何人もいて、みんなに応援してもらいながら生まれてきたの。かわいい子だから特別扱いしてくれたみたい」

「ママのおなかには名誉のあとが残っているでしょ」

お子さんの年齢にもよりますが、5歳であればこの説明で充分です。

もう少し大きくなった小学生であれば、

「生まれてくる方法には二通りあって、ママはおなかを切るお産だったの。元気な赤ちゃんが生まれるにはどうしたらいいかなぁって、お医者さんと相談して決めたんだよ。ほんとにステキなお産だったよ」

と答えてあげたいですね。

Q 早産のため保育器で育ったことをどう伝えたらいいですか?

娘は早産で、生まれたときに690グラムしかありませんでした。ずっと保育器で育ちました。学校の先生から、「生まれたての赤ちゃんは約3キログラム」と教わったようです。娘がかなしい思いをしていないか気がかりです。わたしは何と声をかけたらいいのでしょうか。（小学2年生のお母さん）

A

元気に大きくなって、おめでとうございます！　出産したときは、心配でたまらなかったことでしょうね。元気に育ててきたお母さん、すばらしい！

お子さんが小学校低学年であれば、こんな伝え方はいかがでしょうか。

「世界中の赤ちゃんの大きさはみんな違うんだよ。３キログラムくらいで生まれる子が多いかな。○○ちゃんはなんと６９０グラムでこれくらい（手で示す）の大きさだったんだけれど、とってもかわいい子でね。あんまりかわいいから、病院の先生たちが『この子はこの病院の箱入り娘だ！』って小さなお部屋に入れて育ててくれたの。パパもママも、そのなかにそーっと手を入れて触ってたんだよ。○○ちゃんは、病院でも特別大事にされた『箱入り娘』さんなんだよ」

わたしは、子どもに伝えるときに「保育器＝箱入り娘（息子）」と表現しています。特別だったという説明を受けて、かなしい気持ちになる子はいませんからね。

離婚・シングルマザーなど

Q 娘が1歳のときに離婚して、ひとりで育ててきました。離婚理由は夫の浮気です。元夫とは連絡を取っていません。娘の成長に関心もないらしく、会いたいと言ってくることもありません。家庭で性教育を語るときに、父親についてどのように話せばいいのかこわい気持ちもあります。どう教えたらいいのでしょうか。（小学4年生のお母さん）

Q 19歳のときに、合コンで出会った人とホテルに行って妊娠したのが息子です。妊娠がわかったあとは男性と連絡が取れなくなったので、シングルマザーです。中絶をすすめられたけれど、どうしてもできませんでした。こんな妊娠をしたわたしには、性教育を語る資格がありません……。（小学1年生のお母さん）

A いろんな生きかたや、それぞれの家庭の事情から、妊娠や出産のシーンで女性がひとりで葛藤する相談をよく受けます。これは育児世代に限らず、高校生や

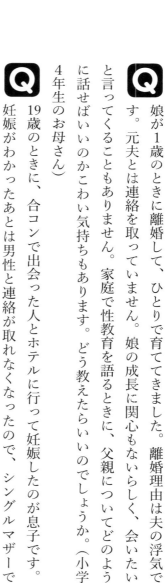

大学生からの相談も同じです。

家庭での性教育とは、性的なことを含み、大人の事情をすべて正確に伝えることを指すわけではないとわたしは考えます。子どもの発達段階や理解度に合わせて言葉を選び、「言われた子どもがしあわせになるメッセージ」を伝えてあげてほしいと思うのです。

妊娠がわかったとき、出産したときにどのような状況だったにせよ、「小学生になるまで大切に育ててきた」ということは紛れもない事実です。ていねいに成長を見守ってきたエピソードを伝えることに、例外はひとつもありません。

いまは離婚しているとしても、「おなかのなかに○○ちゃんがいるとき、パパがとってもよろこんでいたんだよ」「一生懸命に名前を考えていたんだよ」「かわいいなあって、何度も何度も言ってたよ」……と伝える。

そして、「いまはパパとはいっしょに暮らさないことになったけれど、パパはずーっと大好きだって言ってたよ」と伝えたら充分なのではないでしょうか。

「パパはケンカしてどっかへ行っちゃった」とか、「○○ちゃんの写真を見たいって言ってきたこともない」とか、「事実」がどうなのかは伝える必要はまったくありません。

もちろん、「あなたを妊娠したとたんに消息不明になった」などと伝える必要もないのです。

言われた子どもがしあわせになる内容か否か。

ここがポイントなのです。言われた子どもがしあわせな気持ちになる伝え方であれば、それが正解だとわたしは思います。

少なくとも、「妊娠してから大切に守り、元気なお子さんを出産し、その後も抱っこや授乳をして夜泣きなどに向きあいながら、小学生になるまで元気に育ててきた」

という事実だけで、もう充分りっぱなお母さんなのです。

「家庭で伝えるいのちと性のお話」では、成長のエピソードをていねいに伝えるでもよし、「名前の由来」でもよし、妊娠中のエピソードを話すでもよし。

言われた子どもがしあわせになる話を、何度でもていねいに伝えつづけてほしいと思っています。

【おわりに】

いままでは漠然と
性教育＝性行為
と思い込み
アハ〜ン
ウフ〜ン
見ちゃいけません！
言いにくいもの
気まずいもの
として避けていました
だけど
直井先生の
お話を伺って
家庭でしか伝えられない
性教育がある
というのが
明確になり
目から鱗でした！
性に関する
知識教育は
学校でもできますが
健体
保育
受精のしくみ
自分の誕生が
いかに大切に
迎え入れられたのか
家族アルバム
そのエピソードを
伝えることは
成長を見守っている
家族や
まわりの大人にしか
できないことですね

もし性教育について
手探りのままだったら
母に教えられたように
ドン
『家庭の医学』を
持ち出して
無表情で淡々と
解説だけしていた
かもしれません……

あるいは
心配するあまり
性行為は
妊娠につながる
恐ろしいこと
異性と交際
しないほうがいい
とネガティブに
伝えていたかも
しれません

親が手探りのままだと
子どもも手探りで
間違った情報を
得てしまうかもしれない
チラ…
わたしの役割は…

目の前にいる
わが子に
あなたは
愛されて生まれてきた
大切な存在なんだよ
そして
まわりの人にも
大切に見守っている
大人がいるんだ
と伝えること
何も
むずかしいこと
ではなかった！
いのちの誕生は
すばらしいこと
性教育は
ライフスキル教育です
これからは
はずかしがらず
胸を張って笑顔で
「いのちのお話」を
伝えていきたいと
思います！
直井先生
ありがとう
ございました！

おわりに

今の子どもたちが大人になるころには、どんな未来になっているでしょうか。

性教育とは「ライフスキル教育」であるとともに、「人権教育」です。

この数十年で、男女のあり方も価値観も大きく変わってきました。わたしが高校を卒業した１９９０年ごろ、女性の仕事は「腰かけ」といわれて「寿退社」することがまだ一般的でした。「男子は大学へ、女子は高卒か短大で充分」、そんな言葉を耳にしたこともあります。

でも現代では、「女の子には教育は必要ない」と考える人はほとんどいません。

そして、まだまだ課題はあるものの、「男だから」「女だから」という性差なく尊重しあおうという意識に変わりつつあるのを感じます。

しかし、妊娠・出産において、男女は平等になることができません。もし想定外の妊娠をした場合、男性には「逃げる」という卑怯《ひきょう》な選択肢もあります。しかし女性は、妊娠に向きあう以外の選択肢はありません。性的被害者の大多数は女性です。「性」という視点で見たとき、男女が１００％対等になることはできないからこそ、わが子を守りたいがゆえに「禁止」項目を増やしたくなるのは当然のことなのかもしれません。

わたしは、子どもというひとりの人間を育てるうえで、親ができることは「心の杖《つえ》」となり、「心にフィルターをかける」ことだと考えています。


「あなたが生まれたとき、とってもうれしかったよ」

「名前を付けるときに、いっぱい考えたんだよ」

「初めて立ったときは、拍手してよろこんだんだよ」

「どんなときにも、あなたには味方がいるよ」

「悪いことをしたらかなしむ人がいることを忘れないで」……。

そんな「心のフィルター」をかけ続けてあげたい。

「家庭で伝える性教育」は決してむずかしいことではありません。

聞いた子どもがしあわせな気持ちになり、未来が楽しみになるお話を伝えたい。

そして、自分だけではなく、お友だちやカノジョやカレシにも想像力が広がっていき、いじめや暴力や、性犯罪や自殺や、虐待やDVや、そんなことがなくなっていく未来になることを願っています。それが、わたしの人生をかけた目標です。

最後に、書籍化する際のご縁をつないでくれた、花まる学習会代表の高濱正伸さん、大塚由香さんにお礼申し上げます。

また、読みやすいマンガを親の目線で描いてくれたゆむいさん、ていねいに何度も指導してくれた堀井太郎さんに心から感謝申し上げます。

2020年8月　直井亜紀

■参考文献

・『国際セクシュアリティ教育ガイダンス』ユネスコ【編】浅井春夫・艮香織・田代美江子・渡辺大輔【訳】／明石書店
・「性教育とリプロダクティブヘルス／ライツ」宋美玄【執筆】／「心理学ワールド79号」（日本心理学会）
・「日本における性教育の現状と課題」北村邦夫【執筆】／「思春期学31号」（２０１３）（日本思春期学会）
・「地域における性教育活動への提言」松峯寿美【執筆】／「思春期学31号」（２０１３）（日本思春期学会）
・『セックス難民』宋美玄【著】／小学館新書
・『思春期の性』岩室紳也【著】／大修館書店
・『ママもパパも知っておきたい　よくわかるオチンチンの話』岩室紳也【監修】／金の星社
・『0歳から始まるオランダの性教育』リヒテルズ直子【著】／日本評論社
・「小学ほけん３・４年」光文書院

・『オニババ化する女たち』三砂ちづる【著】／光文社新書
・Sexuality Education: Finnish and Chilean Experiences
https://www.researchgate.net/publication/230588266_Sexuality_Education_Finnish_and_Chilean_Experiences
・WHO Regional Office for Europe and BzgA
https://www.bzga-whocc.de/fileadmin/user_upload/WHO_BZgA_Standards_English.pdf

◎性教育サイトの一覧

【日本家族計画協会】 https://www.jfpa.or.jp/puberty/telephone/#tel_02

思春期の性の悩みに、電話で相談に乗ってくれる「思春期電話相談」があります。

【AMAZE】 https://amaze.org（英語版）

性教育動画。アメリカの性教育NGOが製作し、無料公開されている子ども向け性教育でさまざまな言語に翻訳されています。

【NPO法人ピルコン】 https://pilcon.org/help-line

恋愛・性の悩みと疑問の解決サイト「HAPPY LOVE GUIDE」。

【命育（めいいく）】 https://meiiku.com/

子どもたちが、性や妊娠・出産などを含むいのちについての正しい知識を身につけ、「自ら性やいのちと向き合う力」をはぐくむ教育サイトです。

【セイシル】 https://seicil.com/
中学生・高校生が抱える性のモヤモヤに答えるウェブサイトです。

【紳也's ホームページ】 http://iwamuro.jp/shyo
泌尿器科医で「コンドームの達人」のサイトです。
同サイト内には、お母さんが学べる「こどものおちんちん」ページもあります。

◎「どうしよう!」のときのために

【特定非営利活動法人ピッコラーレ】 https://piccolare.org/
想定外の妊娠のときに(子どもだけではなく大人も)、産む・産まない、育てる・育てないに関わらず、相談に乗ってくれます。ツイッターもあります。

【特定非営利活動法人ぱっぷす(ポルノ被害と性暴力を考える会)】 https://www.paps.jp/
万が一、児童ポルノやリベンジポルノなどデジタル被害にあってしまったときに相談に乗ってくれます。

◎「いのちや性」のおすすめ書籍（子ども向け）

●幼児から小学校低学年

・『**わたしのはなし**』山本直英・和歌山静子【作】／童心社
・『**ぼくのはなし**』和歌山静子【作】山本直英【監修】／童心社
・『**とにかくさけんでにげるんだ**』ベティー・ボガホールド【作】安藤由紀【訳】
河原まり子【絵】／岩崎書店
・『**いのちのまつり**』草場一壽【作】平安座資尚【絵】／サンマーク出版
・『**おへそのひみつ**』やぎゅうけんいちろう【作】／福音館書店
・『**おちんちんのえほん**』やまもとなおひで【文】さとうまきこ【絵】／ポプラ社

●小学校中学年から高学年

・『**おれたちロケット少年**』手丸かのこ【マンガ】金子由美子【解説・Q＆A】
／子どもの未来社
・『**あっ！そうなんだ！性と生**』浅井春夫・安達倭雅子・北山ひと美・中野久恵・星野恵
【編著】勝部真規子【絵】／エイデル研究所

・『マンガでわかるオトコの子の「性」』村瀬幸浩【監修】染矢明日香【著】みすこそ【マンガ】／合同出版
・『ポップコーン天使』手丸かのこ【マンガ】山本直英【監修・解説】／子どもの未来社
・『13歳までに伝えたい女の子の心と体のこと』やまがたてるえ【著】／かんき出版
・『セイリの味方スーパームーン』高橋由為子【作・絵】／偕成社
・『ティーンズ・ボディーブック』北村邦夫【著】伊藤理佐【イラスト】／中央公論新社
・『産婦人科医宋美玄先生の生理だいじょうぶブック』宋美玄【監修】あべさより【漫画】／小学館

●中学生以上
・『からだと性の教科書』エレン・ストッケン・ダール　ニナ・ブロックマン【著】高橋幸子【医療監修】池田真紀子【訳】／NHK出版
・『メグさんの男の子のからだとこころQ&A』メグ・ヒックリング【著】三輪妙子【訳】／築地書館
・『少女のための性の話』三砂ちづる【著】／ミツイパブリッシング
・『15歳までの女の子に伝えたい自分の体と心の守り方』やまがたてるえ【著】／かんき出版
・『ひとりじゃない』遠見才希子【著】／ディスカヴァー・トゥエンティワン

◎「いのちや性」のおすすめ書籍（保護者向け）

『国際セクシュアリティ教育ガイダンス』ユネスコ【編】浅井春夫・艮香織・田代美江子・渡辺大輔【訳】／明石書店

『よくわかるオチンチンの話』岩室紳也【監修】／金の星社

『タジタジ親にならないために』村瀬幸浩【著】／子どもの未来社

『思春期男子の育て方』小﨑恭弘【著】／すばる舎

『0歳からはじまるオランダの性教育』リヒテルズ直子【著】／日本評論社

『思春期の性』岩室紳也【著】／大修館書店

『少女はセックスをどこで学ぶのか』宋美玄【著】／徳間書店

『性教育はどうして必要なんだろう？』浅井春夫・艮香織・鶴田敦子【編著】／大月書店

『産婦人科医宋美玄先生が娘に伝えたい性の話』宋美玄【監修】カツヤマケイコ【漫画】／小学館

『男子の性教育　柔らかな関係づくりのために』村瀬幸浩【著】／大修館書店

◎個人的に超おすすめ作品！

ＤＶＤ「青天の霹靂」（大泉洋・柴咲コウ・劇団ひとり）

自分のいのちが大切に迎えられたことに気づき人生が変わる、感動的な作品。

映画館に３回通ってＤＶＤを購入したほど大好きな作品です。

ＤＶＤ「ドラえもん　僕の生まれた日編」

野比のび太が生まれた日のパパとママの愛を描いた作品です。

■著者プロフィール

直井亜紀（なおい　あき）

助産師。一般社団法人ベビケア推進協会代表理事。

聖母女子短期大学助産学専攻科（現・上智大学総合人間科学部）卒。

第39回母子保健奨励賞受賞。令和元年度内閣府特命担当大臣表彰受賞。

2010年より中学3年生対象「いのちの授業」が埼玉県八潮市の必修授業に取り入れられる。埼玉県、千葉県、東京都などを中心に、小・中・高校でのいのちや性の講演実績、企業や専門職向けのセミナー講師実績多数あり。

「いのちの授業」は、日本経済新聞・読売新聞・朝日新聞・毎日新聞・ＮＨＫ首都圏ネットワーク・ＮＨＫニュース845などから取材を受ける。

本質行動学を学ぶエッセンシャル・マネジメント・スクールフェロー（特別研究員）。田口ランディ氏のクリエイティブ・ライティング（文章創作）講座受講。音楽活動では、企画・歌手を務めたCD「あかちゃんのうた」が童謡ランキング1位を獲得。合気道初段。二児の母。

■マンガ家プロフィール

ゆむい

イラストレーター、ブロガー、二児の母。

兄弟育児や日々の出来事をつづった絵日記ブログ「ゆむいhPa」を運営。

著書に『夫の扶養からぬけだしたい』『親になったの私だけ！？』（以上、KADOKAWA）、『平凡な主婦 浮気に完全勝利する』（ワニブックス）がある。

わが子に伝えたい
お母さんのための性教育入門

2020年9月30日　初版第1刷発行

著　者　直井亜紀
マンガ　ゆむい
発行者　小山隆之
発行所　株式会社 実務教育出版
〒163-8671　東京都新宿区新宿1-1-12
電話　03-3355-1812（編集）　03-3355-1951（販売）
振替　00160-0-78270

印刷／精興社　　製本／東京美術紙工

ISBN978-4-7889-0907-6　C0037